나는
세월호 잠수사다

나는 **세월호 잠수사다**(개정판)

펴 낸 날 2019년 12월 31일
2판 1쇄 2021년 10월 12일

지 은 이 416민간잠수사회
엮 은 이 안덕훈
펴 낸 이 이기성
편집팀장 이윤숙
기획편집 416민간잠수사회
표지디자인 이윤숙
책임마케팅 강보현, 김성욱
펴 낸 곳 도서출판 생각나눔
출판등록 제 2018-000288호
주   소 서울 잔다리로7안길 22, 태성빌딩 3층
전   화 02-325-5100
팩   스 02-325-5101
홈페이지 www.생각나눔.kr
이 메 일 bookmain@think-book.com

• 책값은 표지 뒷면에 표기되어 있습니다.
  ISBN 979-11-7048-292-5(03330)

※ 이 책은 4·16 세월호참사 피해자와 민간잠수사의 심리지원을 돕고 있는
  '안산온마음센터'의 지원으로 제작되었습니다.

세월호 민간잠수사 25 인의 투혼과 기억

나는
세월호 잠수사다

황병주 | 하규성 | 강유성 | 이상진 | 백인탁 | 전광근 | 김상우 | 조준 | 김수열 | 한재명 | 배상웅 | 공우영

개정판

416민간잠수사회

생각나눔

우리 사회의 귀감이 되는 생명을 살리는 작은 영웅들의 이야기

4·16 세월호참사에 관한 여러 이야기 중 빼놓을 수 없는, 슬프지만 기억해야 할 보석 같은 이야기가 민간잠수사분들의 이야기입니다. 이분들의 개인적 결단과 헌신 덕분에 많은 아이와 가족이 만날 수 있게 되었다는, 전설처럼 들리는 이야기를 가슴에 어떻게 담아야 할지 모르겠습니다.

그 고통의 이야기를 넘어 언어로 조각되거나 형상화되지 않은 그 시간들을 책에 담아냈는데, 자간, 행간 속이 깊어서 같이 바닷속을 허우적대는 느낌이 나는듯하여 마음이 흠뻑 젖을 수밖에 없었습니다.

이분들의 경험을 깊이 공유하고 존중하고 연대하고 또 격려하며 응원하는 일을 사회가 마땅히 해야 하는 일이고, 이분들 한 분 한 분이 사람 책이라는 생각이 듭니다. 그래서 이분들의 증언을 고스란히 간직하는 일이 정말 중요하다는 생각이 듭니다.

이 중요한 일들이 세월이 더해갈수록 빛이 덜 바래면서 진행되기를 바랍니다.

오히려 더 빛이 강렬해질 수 있는 묘안의 지혜와 더 큰 사랑의 연대로 확대될 수 있는 길이 열리길 바랍니다.

우리 사회의 깊은 어둠 속에서 누군가를 또 구해낼 수 있는 또 다른 잠수사들을 확산하는 계기가 되는 책이 되고, 그런 북 콘서트들로 이어지길 바라마지 않습니다.

2021년 9월 김현수
안산정신건강트라우마센터 운영위원장
명지병원 정신건강의학과 임상교수

격려사

_ 이재정 국회의원

아직 영글지 못한 학생들의 안타까운 흔적을 건져 올려 가족의 품에 돌려보내야 했던 세월호 민간잠수사의 이야기에 한 번 터진 눈물은 쉬이 멈추지 않았습니다. 가장 가까운 곳에서 참사의 현장을 고스란히 목격하고 희생자들의 마지막 순간을 보듬어 준 민간잠수사분들의 헌신에 다시 한 번 감사드립니다.

故 김관홍 잠수사의 아내가 만들어준 파란 장미꽃다발을 보면서 약속이 약속인 채로 끝나지 않도록 함께 기억하고, 책임지겠습니다.

_ 박주민 국회의원

세월호 잠수사의 이야기를 담은 책 발간을 진심으로 축하드립니다. 세월호참사의 현장에는 삶의 모든 것을 걸고 깊은 바닷속으로 들어가셨던 잠수사분들이 계셨습니다. 그 바다 안에서 사투를 벌이며 잠수사분들이 느꼈을 외로움과 슬픔 그리고 무거운 책임감은 기억되어야 할 우리 사회의 유산입니다. 세월호의 역사입니다. 이 책은 그 기록의 한 장이 될 것입니다. 잊지 않겠습니다. 그리고 잊지 않기 위해서 여러분의 모든 것을 책으로 남겨주신 세월호 잠수사들께도 감사의 인사를 드립니다.

_ 김수영 변호사

2014년 어느 봄날, 대학로 한 카페에서 세월호 민간잠수사들을 만났고, 그 뒤로 6년을 '세월호 민간잠수사 법률대리인'으로 함께했습니다. 잠수사들이 의사상자로 인정받기 위해, 중단된 치료 지원이 재개되기 위해, 골괴사가 피해 보상 범위에 포함되기 위해, 김관홍법이 국회 본회의를 통과하기 위해, 변호사가 할 수 있는 일들을 다했습니다. 하지만 패소와 좌절로 점철된 6년이었습니다.

세월호의 잠수사들을 기억하고자 이 책이 세상에 나왔습니다. 다행이고 감사한 일입니다. 잊지 말아 주십시오. 의로운 사람들을 의롭게 기억해주십시오. 법과 제도가 품지 못한 이 의로운 사람들을, 부디 오래도록 마음속에, 봄볕처럼 따스하게 품어주십시오.

세월호 민간잠수사 활동일지

2014

- 4. 16.   세월호 사고 발생
-     17.   민간잠수사들이 현장으로 모여들기 시작
-     18.   세월호 완전 침몰
-     19.   민간잠수사들의 희생자 수습 작업 시작
-     21.   언딘 리베로 바지선 투입 및 본격적 활동 시작
- 5. 4.   박근혜 대통령 현장 방문. 잠수사 추가투입 지시
-     6.   이광욱 잠수사 수중 작업 도중 사망
-     30.   이민섭 잠수사 수중 작업 중 폭발로 사망
- 7. 8.   태풍으로 일시 철수
-     10.   해경으로부터 퇴거 통보를 받고 반강제로 현장을 떠남
          (현장 활동 기간 중 292명의 희생자 수습)
-     15.   민간잠수사들이 입원 치료를 받던 삼천포 서울 병원을 방문한
          김석균 해경청장. 민간잠수사들에게 산업재해에 준하는 치료와
          보상을 약속
-     30.   민간잠수사들의 골괴사 치료비 정부지원 중단
- 8. 26.   검찰(목포지청), 故 이광욱 잠수사 사망사고의 책임을 물어 공
          우영 잠수사를 업무상 과실치사 혐의로 기소
- 12. 1.   통증 치료 및 트라우마에 따른 심리치료 등 정부지원 중단

2015

- 2. 통증 치료 등 일부 비용 정부지원 재개
- 3. 29. 재개했던 치료 비용 정부지원 중단
- 5. 26. 故 이광욱 잠수사의 유가족과 4·16연대 등, 해경 간부 3명을 업무상 과실 치사 혐의로 고발
- 9. 22. 서울중앙지검, 해경 간부에 대한 고발 건 각하 결정
- 12. 7. 공우영 잠수사 1심 판결 무죄 선고
- 12. 14. 세월호참사 특별조사위원회 청문회 개최(3일간)

2016

- 6. 17. 김관홍 잠수사 자택 근처에서 사망(자살로 추정)
- 21. 박주민 의원 김관홍법(4·16 세월호참사 피해 구제 및 지원 등을 위한 특별법 일부 개정법률안) 발의
- 10. 27. 공우영 잠수사 항소심 무죄 선고
- 11. 8. 김관홍법(4·16 세월호참사 피해 구제 및 지원 등을 위한 특별법 일부 개정법률안) 상임위(농림축산식품해양수산위원회) 전체 회의: 상정~소위 회부

2017

- 1. 30.　공우영 잠수사 과실치사 혐의 대법원 무죄 선고
- 4. 21.　목포신항 세월호 인양
- 6. 16.　세월호 의인 故 김관홍 잠수사 동상 진도에 건립
- 9. 20.　김관홍법(4·16 세월호참사 피해 구제 및 지원 등을 위한 특별법 일부 개정법률안) 상임위 해양수산법안 심사소위: 상정
- 12.　1.　김관홍법(4·16 세월호참사 피해 구제 및 지원 등을 위한 특별법 일부 개정법률안) 상임위 해양수산법안 심사소위: 상정

2018

- 2. 27.　김관홍법(4·16 세월호참사 피해 구제 및 지원 등을 위한 특별법 일부 개정법률안) 상임위 해양수산법안심사 소위: 상정~의결 (수정가결)
- 3. 17.　(사)4·16 세월호참사 진상규명 및 안전사회 건설을 위한 피해자가족협의회 '4월16일의약속국민연대'의 공로패 수상
- 3. 26.　김관홍법(4·16 세월호참사 피해 구제 및 지원 등을 위한 특별법 일부 개정법률안) 법사위 체계·자구 심사: 상정~대체토론
- 9.　　잠수사 영화 『Log Book』 상영회

2019

- 6. 16.　4·16 세월호참사 피해구제 및 지원 등을 위한 특별법 개정촉구 기자회견 참석
- 11.　2.　범국민 촛불 문화제 참석

2020

- 5. 20.　김관홍법(4·16 세월호참사 피해 구제 및 지원 등을 위한 특별법 일부 개정법률안) 법사위 체계·자구 심사: 위결(수정가결), 본회의 통과
- 6. 9.　김관홍법(4·16 세월호참사 피해 구제 및 지원 등을 위한 특별법 일부 개정법률안) 공포
- 6. 18.　4·16 세월호참사 5대 정책과제 약속 이행 호소 기자회견 참석
- 6. 26.　세월호참사 진상규명 '검찰 특별수사단 성역 없는 전면 재수사 촉구!' 촛불문화제 참석
- 8. 17.　삼천포 서울병원과 416민간잠수사회 협약식
- 9. 10.　김관홍법(4·16 세월호참사 피해 구제 및 지원 등을 위한 특별법 일부 개정법률안) 시행
- 9. 24.　4·16 세월호참사의 성역 없는 진상규명을 위한 피해자 가족—시민 집중행동 계획발표 및 착수 기자회견 참석
- 12. 3.　『나는 세월호 잠수사다』 발간 기념 북콘서트
- 10.　세월호참사 7주기까지 성역없는 진상규명 4·16진실버스 참석

2021

- 2.　세월호 유가족 청와대 노숙 농성에 연대하는 집중행동 참석(피켓팅)
- 6.　『나는 세월호 잠수사다』 서울, 광주, 대구 북콘서트
- 7. 11.　(사)전국생존수영지도자협회 생존수영 강사교육참석(전국생존수영협회 강사 2.3급 자격취득)
- 13.　'광화문 광장 세월호 기억공간' 철거 통보로 인한 '광화문광장 세월호 기억관 지키기 시민행동 계획' 1인 시위 참석

목 차

- 세월호 민간잠수사 25인
- 엮은이의 말_ 안덕훈

지금 이 자리에서
잠수사가 꼭 해야 할 일은
세월호 선내 어딘가에서
그들을 기다리는
희생자를 찾아
바닷물에
몸을 던지는 것일 뿐이다.

피할 수 없었던 이끌림

🌙 **황 병 주**

30여 년 경력의 베테랑 산업 전문 잠수사로 세월호 침몰 사건 직후인 2014년 4월 19일부터 해경이 퇴거 명령을 내린 7월 10일까지 현장에서 희생자 수습에 임했다.

전쟁터

전쟁이나 다름없었다.

2014년 4월 20일 총소리만 없었을 뿐 그곳은 전쟁터를 방불케 했다. 하지만 전쟁의 최전선이나 다름없는 그곳에는 명령을 내리는 지휘관도, 전쟁을 수행할 장비도 없었다. 번쩍거리는 계급장을 달고 지휘관의 모습을 한 이들은 있었지만, 우왕좌왕 발만 동동거릴 뿐 그들의 입에서 제대로 된 명령은 하달되지 않았다. 수백 명의 목숨이 바다 밑에 잠겼는데 바지선 갑판 위에 사람들만 가득할 뿐 시커먼 바닷속으로 몸을 던질 준비가 되어있는 사람은 거의 없었다. 말 그대로 아비규환의 현장이었다. 그럼에도 불구하고 누군가는 나서야만 하는 상황임은 틀림없었다.

현장에 도착한 것은 그날 오후 1시경이었다. 하지만 새로 도착한 금호 바지선을 설치하는데 적잖은 시간이 걸렸기 때문에 곧바로 다이빙을 할 수도 없었다. 황병주 잠수사는 바지선이 설치되는 동안 함께 온 동료들과 해경의 모함인 3009함에서 대기하며 세월호 침몰 현장 주변을 살펴보았다. 침몰의 위치를 표시하는 부표를 중심으로 모여든 크고 작은 선박이 적어도 100여 척 이상은 되는 것 같았다. '저 많은 배들과 사람들이 조금만 더 침착하고 체계적으로 움직였다면 지금 차디찬 바닷속에 있는 이들을 구할 수 있었을 텐데….'

일분일초라도 놓칠 수 없는 상황에서 시간이 흐르고 있으니 초조한 마음이 들어 자신도 모르게 자꾸만 눈길이 바지선 쪽으로 향하게 되는 것은 어쩔 수 없었다. 한참 뒤에야 연락을 받은 황병주 잠수사는 새로 설치된 금호 바지선으로 이동하여 잠수에 필요한 장비를 챙겼다. '첫 탕(그날의 첫 번째 잠수)은 내가 나서야 할 것이다.' 그는 이미 첫 탕은 자신의 몫임을 알고 있었다. 어차피 이곳에 온 이상 잠수사라면 누구라도 몸을 사리는 이는 없겠지만 그래도 후배들에 앞서 자신이 먼저 들어갈 작정을 한 것이다.

첫 탕

오후 4시경에 첫 탕에 나섰다. 동료 백인탁 잠수사와 동행한 첫 잠수였다. 맹골수도의 바다는 예상대로 녹록하지 않았다. 조류가 잠잠해진 정조기여서 몸이 거세게 떠밀려 나가지는 않았지만, 남해 특유의 뿌연 흙탕물의 바다는 시계를 1m 이상 허락하지 않았다. 그야말로 눈을 감고 물속을 헤집고 나아가야 하는 상황이었다. 하강줄을 따라 약 30여 미터를 내려가니 세월호 선체가 손에 잡혔다. 선내 진입을 위해서는 세월호 우현 객실로 통하는 유리창을 깨뜨려야만 했다. 백인탁 잠수사가 망치로 객실 창문을 두드렸다. 한 번, 두 번, 세 번, 팔에

온 힘을 주어 두드려도 창문은 좀체 깨지지 않는다. 바닷속 망치질이 얼마나 힘든지는 경험해 본 사람만이 안다. 마스크 너머로 보이는 백 잠수사의 표정이 지쳐 보였다. 황병주 잠수사가 망치를 건네받아 같은 자리를 다시 여러 차례 두드리니 드디어 유리창이 깨지면서 세월호가 객실 진입을 허락했다.

전방을 맡은 황병주 잠수사는 깨진 객실 유리창을 통해 선내로 몸을 들이밀었다. 자칫 깨진 유리 파편에 공기호스가 찢기기라도 하면 목숨을 잃을 수도 있는 위험한 상황이었지만 이미 그 정도는 각오를 한 상태였다.

"안으로 들어가!"

후방에 있던 백 잠수사가 선체 진입이 가능한지 확인 후 신호를 보냈다.

"줄 꼭 잡고 있어!"

표면 공급식 잠수에서는 전방 잠수사와 후방 잠수사의 호흡이 매우 중요하다. 공기호스가 꼬이거나 상처가 날 수 있는 상황을 후방에서 미리 점검하고 방지 조치를 해야 전방 잠수사의 생명을 보장할 수 있기 때문이다. 첫 탕에 나선 황병주 잠수사와 백인탁 잠수사 두 사람은 서로 눈빛만으로도 손발이 척척 맞았다. 덕분에 황병주 잠수사는 안심하고 좁은 창문 틈으로 무사히 진입을 할 수 있었다. 전문적인 산업 잠수사로 특히 동종업계에서 일한 경험이 많기 때문에 더욱 믿음직했을 것이다. 산업잠수사들에게 있어서 동료란 물속에서만큼은 피붙이

보다 더 신뢰하는 관계라고 할 수 있다. 어둡고 좁은 객실로 과감하게 들어갈 수 있는 것도 서로에 대한 무한한 신뢰가 있기 때문인 것이다.

객실 안은 밖에 비해 시야가 더욱 불량했다. 그런데도 그의 눈에 뭔가 비치는 게 보였다. 순간 온몸에 전율이 오르며 긴장감이 몰려왔다.

> "컴컴해서 아무것도 보이지 않는데 빨간색 라이프 재킷이 눈에
> 보이더라구요. 무의식적으로 손을 안쪽으로 넣어 이리저리 휘저어
> 보는데 뭔가 손가락 끝으로 감촉이 느껴지는 거예요."

코팅이 두껍게 된 장갑을 낀 손끝으로 희미하게 느껴지던 촉감을 어떻게 설명할 수 있을까. 잠수사들에게는 일반인들이 이해할 수 없는 고도로 예민한 감각이 있다. 과학적으로는 설명할 수 없지만 오랜 수중 활동의 적응 과정에서 생겨난 특별한 감각이라고나 할까? 짧은 찰나의 순간 황 잠수사의 손끝을 스쳐 간 것은 분명 선체 벽면이나 객실 안을 부유하던 물건들은 아니었다.

> "사람이야!"

황병주 잠수사의 입에서 자신도 모르게 혼잣말이 튀어나왔다. 그는 객실 안으로 몸을 깊이 들이밀면서 양손을 뻗어 조심스럽게 더듬어 나갔다. 잠시 후 손가락 사이로 뭔가가 잡히는 것이었다. 사람의 머리카락이었다. 좀 더 손을 뻗어 더듬어 보니 사람의 형체가 만져졌다. 배가 완전히 기울어 천정이 되어버린 우현 창문 쪽을 향해 살기 위해 서로 부둥켜안고 몸부림치던 세 명의 단원고 학생이었다.

무의식적으로 시신을 끌어안은 황병주 잠수사의 입에서 소리가 튀

어나왔다.

"개새끼들! 나쁜 개새끼들아!"

이럴 수는 없었다. 세월호가 침몰한 지 이미 며칠이 지났기에 생존을 기대하지는 않았지만, 6천 톤급이 넘는 거대한 배가 이럴 수는 없었다. 그는 아무에게도 들리지 않는 세월호 객실 안에서 연신 욕설이 섞인 고함을 질러댔다. 누구를 향한 고함인지는 자신도 알 수 없었다. 전원 구조라는 말도 안 되는 오보를 냈던 언론을 향한 것이었는지, 아니면 대규모 구조 작전을 하고 있다고 거짓말을 늘어놓았던 정부 당국자를 향한 것이었는지 그도 아니면 황병주 자기 자신을 향한 것이었는지 알 수 없었다.

생의 마지막 순간 서로에게 의지하여 함께 부둥켜안은 채 죽음의 공포와 대면해야 했던 세 명의 학생들. 그들은 마치 시간이 멈추어버린 듯 삶과 죽음의 경계에서 두려움에 떨던 순간을 고스란히 보여주고 있었다. 황 잠수사가 서로 부둥켜안은 학생들의 팔을 풀어보려고 했지만, 이들은 좀처럼 서로를 껴안은 팔을 풀지 않았다. 그것은 어쩌면 무책임한 세상과 어른들을 향한 무언의 항변과도 같은 것이 아니었을까? 황병주 잠수사는 이들을 달래는 마음으로 엉켜있는 팔을 조심스레 풀어내었다. 그리고 그중 한 아이를 끌어안고 객실 밖으로 나오는데 기어코 눈물이 터졌다. 한번 터진 눈물은 멈추지 않았다.

그날 첫 탕에서 황병주, 백인탁 두 잠수사는 아직 영글지도 못한 세 학생의 안타까운 주검을 건져 올려 가족의 품에 돌려보냈다. 그러나 황병주 잠수사는 힘겹게 바지선 위로 올라온 이후의 일을 기억하지 못한다. 동료 백 잠수사가 전해준 말에 의하면 그는 바지선으로 복귀한 후에도 한참을 바닥에 앉아 소리 내어 울었다고 한다.

그가 필름을 잘라내듯 기억의 한 구간이 멈추어버린 것은 무엇 때문일까? 그것은 수많은 어린 학생들을 동시에 죽음으로 몰아넣게 만든 그 무엇인가에 대한 분노와 혼자 삭이기엔 너무 컸던 충격 때문이 아니었을까?

예정에 없었던 여행

그가 처음 사고 소식을 들은 것은 사고 당일의 오전 뉴스를 통해서였다. SNS를 통해 먼저 소식을 접했던 딸이 놀라서 TV를 크게 틀었다. 화면에는 기울어가는 세월호의 모습이 보였다.

"아빠! 배 타고 있는 사람들 괜찮을까?"
"걱정마. 괜찮을 거야. 저 정도로 큰 배는 금방 안 넘어가. 구조할 시간 충분해."

황 잠수사는 자신의 경험으로 볼 때 그 큰 배가 쉽사리 가라앉지는 않을 것이며, 충분히 구조할 시간이 있으리라고 생각했다. 잠시 후 전원 구조 소식이 자막에 떴다. 다행이었다. 그리고 그것이 오보라고는 상상도 못 하고 아버지와 딸은 다시 일상으로 돌아갔다.

평소 형님, 동생 사이로 지내던 공우영 선배로부터 연락을 받고 목포로 향하는 차 안에서 황병주 잠수사는 딸과 나누었던 대화가 마치

삼키지 못한 생선 가시처럼 자꾸 목에 걸렸다. 전원 구조라는 뉴스를 한 번쯤 의심해 봤어야 하는 것은 아니었을까? 곧바로 현장으로 달려갔다면 한 사람의 생명이라도 구할 수 있지 않았을까? 함께 가고 있던 후배 잠수사 한재명 씨도 그와 비슷한 생각을 하고 있었던 모양인지 혼잣말로 "좀 더 일찍 갔어야 하는데…."라며 말끝을 흐렸다. 황병주 잠수사는 목포로 향하는 차 안에서 시간을 며칠 앞으로 돌려놓고 싶다는 생각이 간절했다. 오늘이 세월호 사고가 일어난 4월 16일 당일이라면 서둘러 가서 소중한 생명을 몇 명이라도 구할 수 있을 텐데….

산업잠수사라면 누구나 그와 같은 사고를 목격한 순간 자신이 해야 할 일이라는 것을 직감했을 터였다. 공우영 선배로부터 연락이 왔을 때 이런저런 상황이나 조건을 묻지 않고 당연히 가겠다고 대답한 것도 그 때문이었다. 결혼을 한 달 앞두고 있던 한재명 잠수사도 뉴스를 접하고는 연락이 오리라 생각하고 마음의 준비를 하고 있었다고 한다.

4월 19일 오후가 되어서야 목포에 도착할 수 있었다. 곧바로 현장으로 가려고 했으나 팽목항과 현장을 잇는 배가 이미 떠나버리는 바람에 차 안에서 잠시 눈을 붙인 후 아침이 되어서야 현장으로 타고 갈 경비정과 연락이 되었다. 일분일초가 급박한 상황에서 현장을 통제하고 관리할 주체가 없다 보니 해경 측과 배편을 조율하는 것조차 어려움이 많았다. 경비정을 타기 위해 팽목항으로 이동하려는데 해경으로부터 다시 연락이 왔다. 팽목이 아니라 서망항으로 오라는 것이다. 갈피 없이 우왕좌왕하는 해경의 일 처리에 욕이 터져 나왔지만, 내색은 하지 않았다. 지시에 따라 장소를 바꾸어 서망항으로 이동한 후 오전 11시경이 되어서야 경비정을 타고 현장으로 향할 수 있었다. 세월호가 침몰한 현장에 도착하여서는 우선 해경의 지휘본부 역할을 하고 있던 3009함에 잠시 승선하였다가 다시 단정으로 옮겨 타고 사고 현장에 임시로 설치되어 있던 '한국해양기술 1호' 선박에 오를 수 있었다.

본격적인 작업이 시작된 금호 바지선 위에는 100여 명에 가까운 많은 사람이 뒤섞여 있었지만 해경 근무자와 아마추어 잠수사들이 대부분이었고, 정작 세월호가 잠겨있는 바닷속으로 잠수할 수 있는 인원은 몇 명이 되지 않았다. 그나마 백인탁, 이상진, 김순종 잠수사 등 먼저 도착해 있던 민간 산업잠수사들이 조류가 잠잠해지는 물때에 맞춰 입수를 하고 있다고 했다. 잠수사들의 작업을 통합적으로 지휘해야 할 해경은 현장에서도 여전히 우왕좌왕하며 체계를 잡지 못하고 있는 형편이었다.

오후 4시경 조금 규모가 큰 금호 바지선의 설치가 완료되어 바지선을 옮겨 그나마 입수를 할 수 있게 되었다. 황병주 잠수사가 첫 탕에서 세 명의 학생들을 육지로 데려온 것도 그때였다.

삶과 죽음의 경계를 넘나드는 사람들

여전히 바지선 위는 사람들로 북적였다. 제복을 입은 해경들과 민간인들 약 100여 명이 뒤섞여있었다. 그중에는 희생자 유가족과 자원봉사를 자청하고 달려온 민간잠수사도 있었지만, 신분을 알 수 없는 사람들도 많았다. 일부는 어떠한 목적인지는 모르지만, 자칭 유가족이라고 목소리를 높이며 현장을 여기저기 들쑤시고 다니는 이도 있었다. 현장으로 달려온 민간잠수사들도 실제 입수가 가능한 사람들은 드물었다. 특히 레저용 스쿠버 장비를 들고 온 아마추어 잠수사들은 맹골수도의 거센 조류 앞에서 입수할 엄두조차 내지 못하고 그저 발만 동동 구르고 있었다. 실질적으로 이들은 일에 방해만 될 뿐이어서 현장

에서 빠져주는 것이 오히려 좋을 지경이었다. 물론 조금이라도 도움이 되고자 현장을 찾아온 사람들의 진정성에 대해 흠집을 내고 싶은 생각은 없다. 하지만 일분일초가 소중한 당시의 상황에서는 적절한 통제가 필요했다. 작업을 수행할 인원을 관리하고 통제하는 역할은 물론 해경에서 맡아야 했지만, 앞서 말한 대로 해경 역시 그럴 만한 준비와 역량을 갖추지 못한 것이 안타까울 따름이었다.

  그러한 상황에서도 황병주 잠수사를 비롯한 동료 민간 산업잠수사들의 수중 수색작업이 이어졌다. 첫 탕 이후 6명의 잠수사가 교대로 쉴 틈 없이 잠수를 했다. 황병주 잠수사도 6시간마다 돌아오는 '물때'마다 입수를 했다. 4월의 맹골수도는 이름처럼 물살이 거칠고 사나울 뿐만 아니라 아직 수온도 낮았다. 추위를 참으며 로프를 타고 내려가 세월호 선체로 진입하여 희생자들을 찾아 데리고 올라오기를 반복했다. 원래 안전 수칙에 의하면 1회 다이빙에서 15분을 넘기지 않아야 하며, 충분한 휴식 시간을 가져야 한다. 또 수심 40m 이상을 잠수한 뒤에는 반드시 충분한 감압 시간을 가져야 잠수병을 예방할 수 있다.

감압 시간에 맞춰 상승하려면 수심에 따라 중간중간 수중에서 대기하고 있어야 하는데 그러다 보면 다음 입수자의 시간을 확보할 수 없었다. 결국, 지상에서 감압이 가능한 챔버 시설이 갖추어지기 전까지는 수심 40m에서 급상승할 수밖에 없었다. 혈관에 녹아있던 질소가 수압이 떨어지면 팽창하여 잠수병을 일으키고 그것이 쌓이면 어깨를 쓸 수 없는 골괴사로 발전한다는 사실을 알면서도 어쩔 수 없는 일이었다. 결국, 수많은 주검을 물 밑에 둔 상황에서 적은 인력으로 수습 작업을 하다 보니 정해진 안전 수칙은 그저 형식일 뿐이었다.

잠수를 마치고 바지선에 올라오면 이번엔 칼바람 같은 추위를 견뎌내야 했다. 잠수사들이 휴식할 공간이 마련되지 않아 3~4명이 앉기에도 좁은 선원용 식당이나 크레인 운전석에 들어가 얼어붙은 몸을 녹여야 했다. 먹을 것조차 열악하기는 마찬가지였다. 언론에서는 각계각층에서 보낸 지원 물품이 팽목항에 가득 쌓여있다고 보도했지만, 잠수사들에겐 그림의 떡일 뿐이었다. 잠수 현장인 바지선에는 식어 빠진 김밥 한 조각이나 컵라면조차 제대로 공급되지 않았다. 잠수를 마치고 바지선에 올라와 그나마 허기를 채우려고 하면 챙겨놓았던 도시락이 사라져버리는 일도 많았다.

하지만 오열하고 있는 유가족들이 있기에 불만을 표현할 수 없었다. 잠수사들의 고통이 크다고 한들 졸지에 가족을 잃은 유가족들의 고통에 비할 수는 없는 일이었다. 잠수사들의 리더 역할을 맡았던 공우영 선배도 유가족들이 계시니 절대 불만을 얘기하거나 농담을 해서는 안 된다는 엄명을 내렸다. 잠수사들 역시 그 점을 충분히 이해하고 있었다. 학생들의 주검이 올라올 때마다 오열하는 유가족들의 모습은 곁에서 보기에도 눈물겨워 그 자리에 있기가 힘들었다. 그 앞에서 잠수사들은 죄인 아닌 죄인이 될 수밖에 없었다.

현장에 투입된 지 약 일주일이 지나서야 작업 환경이 조금 나아졌다. 감압장치인 챔버가 설치된 언딘 리베로 바지선이 도착하여 그나마 잠수를 마치고 감압과 휴식을 취할 수 있는 공간이 확보되었다. 또한, 사람들로 북적이던 바지선도 어느 정도 관리가 되기 시작했다. 유가족 중 몇 분이 스스로 나서서 출입하는 사람들의 신분을 확인하고 꼭 필요한 인원만 들어올 수 있도록 했기 때문이다. 특히 희생자인 단원고 2학년 3반 유○○ 양의 삼촌 유○○ 씨가 적극적으로 나서 현장을 통제해 주어 고마웠다.

4월 한 달 동안 희생자의 주검이 집중적으로 발견되었다. 특히 22일에는 8명의 희생자를 발견하여 유가족 품으로 돌려보낼 수 있었다. 여러 명의 희생자를 인양해야 할 때는 선체 밖에서 안전선을 따라 물에 띄워 올리면 중간에서 해경 잠수사들이 받아 해경 보트 위로 인계하는 방식으로 진행하였다. 4월 말이 지나면서는 희생자 발견이 드물게 이루어졌고, 인양도 처음에 했던 대로 한 명씩 끌어안고 함께 수면 위로 상승하는 방식을 택했다.

황병주 잠수사는 주검을 끌어안고 수면 위로 올라오는 동안의 기억을 지금도 잊지 못하고 있다. 특히 꽃다운 나이, 미처 피워보지도 못한 채 차갑고 어두운 낯선 바닷속에서 생을 마감해야 했던 단원고 학생들과 동행했던 기억은 지금도 가슴 한가운데 주홍글씨처럼 새겨져 있다.

"미안하다. 아저씨가 너무 늦어서…."

당신들이 우리 아이들의 마지막 희망입니다

　수색 작업이 장기화되면서 체력은 점점 고갈되어 갔다. 동료 후배인 김관홍 잠수사가 감압 과정에서 실신하는 일이 벌어졌고, 전광근 잠수사 또한 급상승 과정에서 잠수병으로 쓰러지는 사태가 발생했다. 황병주 잠수사와 동년배로 서로 의지하며 수색 작업을 벌이던 조준 잠수사는 수중에서 호흡이 막히는 바람에 죽을 고비를 넘겨야 했고, 김상우 잠수사는 선실에 진입한 상태에서 격실이 무너져 내리는 바람에 부상을 당하는 일도 있었다. 현장에 있던 잠수사들은 누구나 할 것 없이 위험에 노출되어 있었고, 크고 작은 부상으로 고통을 겪어야 했다. 그리고 자신도 모르는 사이에 어깨뼈가 내려앉는 골괴사가 진행되고 있었다. 하지만 부상을 이유로 현장을 떠날 수는 없었다. 부상을 당한 잠수사들은 뭍에 나가 잠시 치료를 받은 후에 하나같이 곧바로 현장으로 돌아와 다시 수색 작업에 합류하였다. 특별히 그렇게 하기로 약속을 하거나 그러한 지시가 있었던 것은 아니었다. 다만 나 한 사람이 빠지면 동료들이 자기 몫의 작업까지 감당해야 하는 상황임을 알고 있었기에 잠수사들 사이에서는 묵시적인 약속이 맺어져 있었던 셈이다. 힘든 일정에서도 동료들끼리 서로를 챙겨주면서 기운을 북돋웠고, 자원봉사로 참여한 의료진들의 도움으로 조금이나마 지친 몸을 회복할 수 있었다. 특히 현장 바지선에 교대로 상주하던 한의사분들이 침과 한방마사지로 굳어있는 근육을 풀어주어서 많은 도움을 받기도 했다.

　육체적인 고통은 그나마 견딜 수 있었으나 정작 잠수사들을 힘들게 한 것은 다른 데 있었다. 가장 대표적인 것이 언론의 무책임한 보도였다. 사고 초기부터 언론에서는 확인되지 않은 내용을 경쟁적으로 보도했다. 해경과 해군을 비롯하여 수백 명의 잠수사가 수색 작업을 벌

27

황병주: 피할 수 없었던 이끌림

이고 있다며 호들갑을 떨었지만, 실제 현장에서 세월호 선체에 진입을 한 사람은 황병주 잠수사를 비롯한 그의 동료들뿐이었다. 애당초 해경과 해군이 가지고 있는 장비와 작업 매뉴얼로는 선체 진입이 불가능했다. 그런데 언론에서는 여전히 현장 상황을 제대로 알지도 못하는 사람들이 나와 마치 전문가인 것처럼 말도 안 되는 이야기들을 쏟아내었다. 그중에는 현장에 왔다가 거센 조류를 보고 발도 담그지 못한 채 입수를 포기하고 돌아간 자칭 잠수 전문가라는 사람도 여럿 있었다.

또한, 일부 언론에서는 현장에서 수색 작업을 벌이고 있는 잠수사들이 마치 특정 세력과 결탁되어 있기라도 한 것처럼 확인되지도 않은 의혹을 제기하기도 하였다. 황병주 잠수사를 비롯한 동료들은 의혹의 대상이 되었던 '언딘 리베로'와는 직접적인 관련이 없었다. 현장에 와서야 그 회사가 바지선 등 장비와 시설에 대해 해경과 계약을 맺었다는 것을 알았을 뿐이다. 잠수사들은 일의 특성상 특정 기업에 소속될 수 없음에도 마치 '언딘'이라는 회사 소속 전속 잠수사인 것처럼 호도되기도 하였다.

5월로 접어들면서 수온이 올라가 한기에 떨지는 않아도 되었지만, 상황은 나아지지 않았다. 현장의 지휘를 책임져야 하는 해경에서는 상부의 눈치만 보느라고 정작 수색 및 수습 작업에 대한 지원은 뒷전이었다. 특히 박근혜 대통령이 현장을 방문한 5월 4일은 황병주 잠수사를 비롯한 민간잠수사들에게는 치욕적인 날이었다. 해경 책임자는 대통령 방문 전에 민간잠수사들을 마치 감옥에 가두듯 출입을 통제하고 대통령이 바지선에 도착하자 장비를 갖춘 해경 잠수부를 내세워 사진을 찍게 했다. 정작 위험한 세월호 선체에 들어가 목숨을 걸고 수색 작업을 한 사람들은 권력자의 눈에 띄지 않게 꽁꽁 가두어놓고 자기들이 생색을 내려고 하는 작태에 헛웃음밖에 나오지 않았다. 하지만 어차피 공무원도 아닌 민간잠수사들이 권력자에게 잘 보일 필요는 없으니 그 정도는 참아주기로 하였다.

대통령이 다녀가면서 더 많은 인력을 투입하라고 지시를 내리자 해경은 부랴부랴 추가로 민간잠수사를 수소문하기 시작했다. 고참인 공우영 선배를 비롯하여 민간잠수사들은 그동안 호흡을 맞춰온 사람이 아닌 새로운 사람이 현장에 투입될 경우 위험할 수 있다는 이유로 반대했지만, 해경은 상부의 지시라는 이유로 무리하게 사람을 모집하더니 다음 날인 5월 5일, 두 명의 신규 민간잠수사를 합류시켰다. 그중 한 분이 첫 탕에서 목숨을 잃은 이광욱 잠수사이다. 이광욱 잠수사는 합류 다음 날 아침 6시께 첫 탕을 시도했다. 첫 탕에서 선체 진입하기는 무리여서 줄(가이드라인)을 연결하는 임무를 맡았다. 그런데 입수 11분 뒤인 6시 17분 교신이 끊겼다. 긴급히 다른 잠수사가 입수하였으나 이미 공기 공급 호스가 가이드라인에 엉켜 끊겨있는 상태로 발견되었다. 훗날 해경은 이광욱 잠수사의 사망 책임을 민간잠수사에게 돌리고 민간잠수사 중 최고참인 공우영 선배를 과실치사 혐의로 고발하게 된다.

이광욱 잠수사의 사망으로 잠수사들의 사기는 다소 꺾일 수밖에 없었다. 그러던 중 결정적으로 잠수사들의 분노를 일으키는 사건이 벌어졌다. 연일 이어지는 선체 수색 작업으로 몸과 마음이 지쳐가던 5월 중순 무렵, 청와대 민경욱 대변인이라는 사람이 기자들에게 '민간잠수사들에게 지급되는 하루 일당이 100만 원이며, 시신 1구 수습 시 500만 원을 받는다'고 말했다는 이야기가 현장에 전해진 것이다.

잠수사 중에서 돈을 생각하고 수색 작업에 참여한 사람은 단연코 한 사람도 없었다. 일당이 얼마인지, 언제 지급되는지 알고 있는 사람도 없었다. 말도 안 되는 황당한 이야기가 전해지면서 그동안 이런저런 소문에도 묵묵히 수습 작업에만 몰입하고 있던 잠수사들도 더 이상 참을 수 없는 지경이 되었다.

"우리가 돈 벌려고 여기 온 겁니까?"
"한 사람은 이미 사망했고, 우리도 매 순간 죽음의 위기를 겪으며 일하고 있습니다. 그런데 청와대 대변인이라는 자가 돈으로 우릴 모욕하고 있습니다."
"그런 말을 듣고 더 이상 여기에 있을 수 없습니다."

물때를 피해 열린 잠수사들의 긴급회의에서 쌓였던 분노가 터져 나왔다. 모두들 장비를 챙겨 나가자는 쪽으로 의견이 모였다. 상황을 눈치챈 해경과 해수부의 고위급 인사가 달려와 사정을 하며 만류를 했지만, 잠수사들의 분노를 잠재울 수는 없었다. 황병주 잠수사 역시 그때 치밀어 오르던 분노를 감출 수 없었다.

그러나 잠수사들은 현장을 떠나지 않았다. 그것은 해경청장이나 해수부 장관의 회유 때문은 아니었다. 바로 자식의 소지품만이라도 찾고자 간절히 소망하던 유가족들의 마음 때문이었다. 황병주 잠수사가 회의를 마치고 나서는데 얼마 전부터 선실 외부에 걸려있던 현수막이 눈에 들어왔다.

"당신들이 우리 아이들의 마지막 희망입니다."

끝나지 않은 여정

2014년 7월 10일 황병주 잠수사는 낯선 번호가 찍힌 한 통의 문자를 받았다. 태풍으로 인해 세월호 수색 및 수습 현장을 나와 예정에 없던 휴가를 보내고 다시 팽목항을 향해 고속도로를 달리고 있는 중이었다.

문자는 일종의 해고 통보였다. 잠수 방법을 바꾸기로 결정하였고, 앞으로의 수습 작업은 다른 업체에서 맡기로 했다는 것이다. 사고 이후 함께 수습 작업에 참여했던 다른 잠수사들도 동일한 내용의 문자를 받았다.

그것으로 끝이었다. 아니, 그것은 새로운 고통과 싸움의 시작이었다.

광장에서는 세월호의 진실을 요구하는 시위가 이어졌고, 박근혜 정부는 무슨 이유에서인지 진실을 요구하는 사람들을 탄압하고 심지어 슬픔에서 벗어나지도 못한 유가족들을 여론으로부터 격리하려고 혈안이 되어있었다. 그렇게 시간이 흘렀고, 세월호참사는 박근혜 정권의 운명을 좌우하는 이슈가 되었다. 그 와중에서 황병주 잠수사를 비롯한 동료들은 사회로부터 잊혀갔다.

사람들은 잠수사들을 잊었지만, 잠수사들의 몸과 마음은 5년이 훨씬 지난 지금도 세월호 그 현장을 잊지 못하고 있다. 정확히 말한다면 잊고 싶지만, 몸과 마음에 주홍글씨처럼 각인된 상처가 시도 때도 없이 욱신거리며 그때의 기억을 소환해 낸다.

황병주 잠수사는 세월호 현장을 끝으로 더 이상 잠수 일을 할 수 없는 처지가 되었다. 무리한 작업의 후유증으로 정상적인 활동을 하기에도 어려운 상태가 된 것이다. 전에는 없었던 신장병이 생기고 골괴사 증상으로 통증이 심해 본업인 산업잠수는 포기할 수밖에 없게 되었다. 현장을 찾아다니며 단기 일자리라도 구해보려고 했지만 '세월호 잠수사'라는 딱지는 현장 관리자들의 암묵적인 블랙리스트가 되어있었다. 작업 중 산재 사고라도 있으면 세월호 당시 얻은 재해에 대해서도 자신들에게 책임이 돌아갈까 우려하기 때문이다. 세월호 수색 작업 당시 해경 책임자는 민간잠수사들에게 혹시 작업 중 부상을 입더라도 공무원 산업재해 보상에 준하는 수준의 보상을 하겠다고 굳게 약속했었다. 그리고 해수부 고위 책임자는 잠수사들에게 의형제를 맺자며 아무 걱정하지 말고 수습 작업에만 임해달라고 말하기도 했다.

당시 해경과 해수부 간부들은 이후 대부분 승진을 하였다. 해수부 장관은 정부를 떠나 국회의원으로 돌아갔다. 공수표를 남발하던 이들은 더 이상 자신들의 소관이 아니라며 아무런 책임을 지지 않았고, 그 자리에 새로 부임한 이들은 자신들이 한 약속이 아니며 잠수사들은 공무원이 아니므로 보상에 대한 책임이 없다고 발뺌을 하였다.

'세월호참사 진상 규명 청문회'에서 잠시 잠수사들에 대한 관심이 쏠렸지만 그때뿐이었다. 진상 규명에 앞장섰던 후배 김관홍 잠수사는 트라우마에 시달리다 결국 스스로 목숨을 끊었다. 사정을 모르는 사람들은 김관홍 잠수사가 왜 죽음을 선택하였는지 이해하지 못한다.

그러나 황병주 잠수사는 그의 죽음에 대해 '왜?'라고 물을 수가 없다. 그 역시 수시로 죽음의 그림자와 대면하기 때문이다. 세월호 이후 그에게 죽음이란 그리 낯설지 않은 일상이 되었다. 수십 명의 학생 주검을 수습해 끌어안아 올리면서 황병주 잠수사에게 삶과 죽음의 경계는 이미 의미가 없어져 버린 터였다. 그도 몇 번의 자살 유혹을 겪었다. 다행히 정신과 전문의 정혜신 박사로부터 상담을 받고, 안산온마음센터에서 상담치료를 계속하면서 자살 시도를 멈출 수 있었지만 지금도 밤마다 세월호 격실을 헤집고 다니다가 주검들을 끌어안는 꿈을 꾼다.

신장병으로 일주일에 세 번씩 병원을 방문하여 투석을 받아야 하기 때문에 정상적인 직장을 가질 수도 없었던 그는 대리운전을 하며 생계를 이어나가다 최근 사업을 하는 친구의 배려로 회사 생활을 시작했다.

황병주 잠수사는 평소 정치에 관심이 없는 사람이었다. 지금도 정치에는 관심도 없고, 정치인을 그리 신뢰하지도 않는다. 다만 시민 스스로 세상을 비판적인 시선으로 바라볼 때 조금이나마 정의로운 세상이 될 것이라는 사실을 믿는다. 그래서 언론 인터뷰에도 나서고, 세월호 진실 규명 집회에서 연단에 올라 참사의 진실을 밝힐 것을 요구하기도 하며, 국회의원들을 찾아가 김관홍법의 필요성을 역설하기도 한다.

얼마 전 황병주 잠수사는 한 언론에 쓴 기고문[1]을 통해 세월호 잠수사로서 자신의 심경을 다음과 같이 밝혔다.

2014년 4월 16일 이전에 저는 산업잠수사 황병주였습니다. 1988년에 처음 잠수 일을 시작해 27년간 산업잠수사 일을 해왔습니다. 하지만 현재 제 직업은 대리운전 기사입니다.

저는 이제 더는 산업잠수사 일을 하지 못합니다. 세월호 실종자 수습에 참여하고 돌아온 이후 저는 일주일에 3번 투석을 받아야 하고, 매일 저녁 수면제를 먹어야만 간신히 잠들 수 있는 몸이 되어버렸기 때문입니다. (중략)

1_ 오마이뉴스(2018. 3. 16.)에 실린 황병주 잠수사의 글 「세월호 민간잠수사의 질문 "우리의 고통은 무엇 때문인가요?"」

2014년 4월 20일 첫 번째 선내 진입을 하던 날, 저는 정말 처참한 광경을 보았습니다. 아이들은 좁디좁은 선실 안에 서로의 몸을 꼭 부둥켜안고 모여있었습니다. 고통과 두려움으로 가득했을 그들의 모습을 저는 지금도 잊지 못합니다.

첫 번째 희생자를 수습하고 바지선에 올라와 저는 난생처음으로 통곡을 했습니다. 배 속의 것을 모두 토해내고 몸속의 모든 수분을 눈으로, 코로, 입으로 다 흘려내고 나서도 좀처럼 진정을 할 수가 없었습니다. 너무 놀랐고 너무 화가 났습니다.

그렇게 희생당할 아무런 이유가 없는 아이들이었습니다. 마지막 순간까지도 서로를 부둥켜안고 구조를 기다렸을 그 아이들에게 가장 먼저 다가간 사람이 내가 아니라 해경이었다면, 그때가 4월 20일 저녁이 아니라 4월 16일 아침이었다면 얼마나 좋았을까요? 제 동료들과 저는 생존자 구조가 아니라 희생자 수습을 할 수밖에 없다는 사실이 매 순간 정말 미안했고, 그래서 화가 났습니다. (중략)

우리에게 세월호가 남긴 트라우마는 두 가지입니다.

첫 번째는 바로 기억과 죄책감입니다. 우리는 정말 더는 기억하고 싶지 않습니다. 그때 바지선에서 겪었던 추위와 배고픔과 무시당했던 일들을 더는 기억하고 싶지 않습니다. 그때 세월호 안에서 보았던 처참하고 고통스러운 모습들을 더는 기억하고 싶지 않습니다. 희생자 시신 수습으로 떼돈을 벌지 않았냐는 사람들의 손가락질을 기억하고 싶지 않습니다. 동료 잠수사의 죽음을 우리 탓으로 몰아 재판을 받는 동안의 억울함을 기억하고 싶지 않습니다.

하지만 우리는 이 중 단 한 가지도 잊지 못하고 살아갑니다. 잊고 싶어 아무리 노력해도 잊을 수가 없습니다. 혹여 잊었는가 싶으면 어김없이 꿈속에서 우리는 다시 그때 그 세월호 안으로 들어가 있으니까요. 불면에 고통스러우면서도 우리는 그 악몽 때문에 잠드는 것이 또 두렵습니다.

두 번째는 육체적 고통입니다. 당시 실종자 수색을 위한 잠수는 우리가 산업잠수사로 일하며 해왔던 잠수와는 완전히 달랐습니다. 처음에는 기본적인 의식주 자체가 없었습니다. 최소한의 의료 지원도 이광욱 잠수사가 돌아가시고 나서야 겨우 마련되었습니다. 하루 서너 번씩 반복된 잠수로 인해 크고 작은 부상들도 많이 입었습니다. 저처럼 돌이킬 수 없는 상태까지 이른 사람도 있고, 수술과 치료가 필요한 사람들도 많았습니다. 그때 그곳에서 직접 부상을 당하지 않았던 사람들도 돌아와 이런저런 육체적 고통을 겪고 있습니다.

해경에서 저희에게 치료비 지원을 해주겠다며 조사를 한 적이 있습니다. 그런데 그 치료비를 받기 위해서는 세월호 수색 참여로 인해 입은 부상이라는 것을 우리 스스로 증명해야 했습니다. 트라우마는 기억과 죄책감으로 인한 것인데, 그것을 어떻게 증명해야 하는지 저는 아직도 잘 모르겠습니다. 육체적 고통은 무리한 잠수와 트라우마로 인해 생겨난 것인데, 이 또한 정확히 어느 시기부터 왜 아팠던 것인지를 어떻게 증명해야 하는지 잘 모르겠습니다. (중략)

세월호 현장에서 병원으로 옮겨진 직후, 당시 해경청장은 입원 치료 중이던 우리 잠수사들을 찾아와 매우 의로운 일을 하였다고 한

껏 치하했습니다. 우리를 형제로 생각한다고 말하기도 했습니다. 충분한 보상을 할 것이라 공언하였습니다. 그런데 정작 의사상자 신청에 대해서는 모두 거절하였습니다. 급할 때는 의로운 일을 하다 부상당했다며 말잔치를 벌이더니, 시간이 흐르자 당신들은 의상자가 될 수 없다고 말하는 이중적인 태도였습니다. 잠수사들은 국가로부터 버림받았다는 생각에 또 한 번 고통을 겪어야 했습니다. (중략)

여러분! 우리 민간잠수사들은 국민의 한 사람으로서, 그저 한 사람의 어른으로서 국가가 제대로 하지 못하는 그 일을 주저하지 않고 달려가 했습니다. 그리고 그 과정에서 트라우마와 육체적 부상을 당했습니다. 우리가 세월호참사의 피해자가 아니라면 세월호 실종자 수습의 과정에서 갖게 된 우리의 고통은 과연 무엇 때문에 생긴 것인가요?

이 질문에 대한 대답을 우리는 꼭 듣고 싶습니다. (이하 생략)

황병주 잠수사는 인터뷰 때마다 다음과 같은 마지막 질문을 받곤 한다. "만일 세월호 사건과 같은 일이 또 생긴다면 현장에 가시겠습니까?" 그의 대답은 언제나 똑같다.

"가고 싶지는 않지만 아마도 가겠죠. 그것이 누군가를 위해 내가 할 수 있는 일이니까요."

가족의 시간을 위하여

🌙 **하 규 성**

　해외 토목공사 현장의 중간 책임자로 일하고 있던 중 뉴스를 통해 세월호참사 소식을 접했다. 그는 함께 일하던 동료들의 만류를 뒤로하고 귀국한 후 세월호 현장으로 달려가 5월 17일부터 7월 10일까지 희생자 수습 작업에 참여했다. 현재 골괴사와 정신적 트라우마로 고통을 받고 있으며, 아직 현업에는 복귀하지 못하고 있는 상태이다.

내가 있어야 할 곳

　하규성 잠수사는 쿠웨이트 항만 토목공사 현장에 있었다. 항만 공사 프로젝트를 마치면 곧이어 5년 장기계약으로 교량 건설 현장으로 투입될 예정이었다. 중동 지역 현장은 작업 환경도 좋고 원청사인 국내 대기업 소속의 다이빙 슈퍼바이저로서 감리 및 인스펙터 검측을 담당하고 있어 보수도 넉넉한 편이었다. 말하자면 수중 작업 현장 책임자로 산업잠수사로서는 큰 자부심을 가지고 일하던 중이었다.

　참사 소식을 들은 것은 그날 일과를 시작하기 위해 출근 후 아침 식사를 하러 현장 직원 식당에 들어섰을 때였다. 현장 근처에 마련된 식당에 들어섰을 때 대형 TV 앞에 사람들이 모여있었고 화면에는 왼편으로 기울어진 페리 여객선이 침몰하고 있는 모습이 비치고 있었다. 배의 이름은 세월호, 승객 대부분은 제주도로 수학여행을 가던 단원고 2학년 학생들이라고 했다. 뉴스를 전하는 앵커는 처음 '전원 구조'라는 보도가 오보였음을 알리고 있었다.

뉴스를 접한 이후 하규성 잠수사는 현장에 있으면서도 자꾸만 TV 화면에서 보았던 침몰하는 세월호의 장면이 아른거렸다. 잠시라도 시간이 날 때마다 한국에 있는 가족과 지인들에게 전화를 넣었다. 그들을 통해 들려오는 소식은 참담하기만 했다.

고등학교 2학년, 둘째 딸아이와 동갑인 학생들이 그 배 안에 있다. 딸아이도 수학여행을 떠난다면서 들뜬 목소리로 전화를 했었는데…. 이틀 뒤 간신히 물 위로 모습을 드러내고 있던 선수마저 바닷속으로 모습을 감추었다.

더 이상 일이 손에 잡히지 않았다. 한국에 있는 동료 잠수사들에게 전화를 넣으니 일부는 세월호 사고 현장에 이미 도착해 있었고, 또 다른 일부는 현장으로 갈 준비를 하고 있다고 했다. 평소 형님, 아우로 지내던 공우영 선배는 여기저기 후배들에게 연락해 잠수 작업을 할 수 있는 사람들을 모으는 중이라고 했다. 뉴스에서는 매일 수백 명의 잠수사가 사고 현장으로 모여들고 있다고 했지만 하규성 잠수사는 그 말을 믿지 않았다. 그간의 경험으로 볼 때 침몰한 선체에 들어가 희생자들을 구조해 나올 수 있는 전문 잠수사들은 그리 많지 않았다. 상상만으로도 사고 현장의 상황이 어떠할지는 충분히 짐작하고도 남았다. 이미 공우영 형님을 비롯한 동료 잠수사들로부터 그곳의 상황을 생생하게 전해 들었기 때문이기도 했다.

"저곳에 내가 꼭 있어야 하는데….

그래, 돌아가자. 저 아이들이 있는 곳으로."

쿠웨이트 현장에서 함께 있던 동료들은 하나같이 '당신 말고도 갈 사람 많다'며 만류했지만, 하규성 잠수사의 결심을 바꿀 수는 없었다. 특별한 사명감이나 희생정신이 있었던 것은 아니다. 수백 명의 어린 학생들이 선체에 갇혀 죽어가는데 먼 곳에 있다는 이유로 모른 체한다면 평생 마음 한구석에 죄책감을 가지게 될 것 같았기 때문이다. 그는 자신이 맡고 있던 일을 후배에게 물려주고 귀국을 위해 짐을 챙겼다.

아빠도 갈 거지?

비행기가 쿠웨이트 국제공항을 이륙하자 그동안 마치 체한 것처럼 목젖을 답답하게 누르고 있던 기운이 스르르 해소되는 느낌이었다. 하규성 잠수사는 자신의 선택이 두고두고 후회스럽지 않을 것임을 확신하고 있었다.

오랜 기간 해상 일을 하다 보니 불행한 사고를 목격한 경우가 적지 않았다. 함께 일하던 동료를 사고로 먼저 보낸 적도 있었고, 스스로 강에 뛰어들어 목숨을 버린 사람을 수습했던 적도 많았다. 처음엔 충격과 죽음에 대한 공포로 인해 한동안 일상으로 돌아오기가 힘들었지만, 그러한 경험도 여러 번 계속되다 보니 엔간한 죽음 앞에서는 평정심을 찾을 정도가 되었다.

그런데 이번에는 왠지 이전과는 다를지도 모른다는 예감이 들었다. 지금 차가운 바다에 갇혀있는 희생자들 대부분이 자신의 두 딸아이와 같은 또래여서였을까? 하규성 잠수사는 문득 세월호 선실에서 아이들을 대면한다는 것이 다른 때와는 달리 꽤나 버거운 일이 될지도 모른다는 생각이 들었다.

'하지만 피할 수 없지 않은가? 그곳이 내가 있어야 할 곳이고, 거기엔 나를 기다리는 아이들이 있으니까.'

집에 도착하니 갑작스러운 귀국에 가족들이 놀라면서도 반갑게 맞아주었다. 도착하자마자 세월호참사 현장으로 가겠다는 이야기는 할수 없어 대충 얼버무리고 가족들과 밀린 이야기를 나누며 회포를 풀었다. 아직 세월호 이야기는 꺼내지도 않았는데 저녁 식사를 하는 자리에서 둘째 딸아이가 눈을 동그랗게 뜨고 말했다.

"아빠도 갈 거지?"
"그럼 가야지."
"잘하고 와, 아빠!"

이심전심이라더니 자신의 마음이 아이들에게도 전해졌는지 고3이던 큰딸도 응원한다는 표시로 주먹 쥔 손을 들어 보였다. 딸아이는 웃고 있었지만, 그 뒤로 보이는 아내의 얼굴빛은 밝지 않았다. 예전에도 위험한 현장에서 다치거나 생명을 잃을 뻔했던 일을 옆에서 지켜보았기 때문일 것이었다. 그가 걱정하지 말라는 의미로 조금 과장된 웃음을 지어 보였지만 아내의 표정은 여전히 어두웠다.

맹골수도 바닷속으로

육지에서는 꽃들이 화창하게 피고 날씨는 초여름으로 접어들고 있었지만, 세월호를 삼킨 맹골수도의 바다는 여전히 차갑고 어두웠다. 하규성 잠수사는 참사 현장에 도착한 5월 17일 당일부터 잠수에 나섰다. 사고 직후부터 수중 작업을 하고 있던 동료들은 이미 체력이 바닥난 상태로 오직 정신력으로 버티고 있었기 때문에 잠시도 미룰 여유가 없었다.

사고가 있었던 날로부터 한 달여가 지난 시점이다 보니 희생자들의 몸은 이미 많이 부패한 상태였다. 그나마 형체가 온전한 희생자를 데리고 올라올 수 있으면 다행이었지만 가족조차도 직접 대면하기 어려운 상태의 주검들도 많았다. 날이 갈수록 시신의 상태는 점점 더 참혹하게 변해갔다. 차마 다 형언할 수 없지만, 물에 불은 희생자의 몸이 마치 물속에 잠겨있던 비누처럼 불어나 있었다. 6월에 접어들면서는 인양 백을 가지고 들어가 주검을 담아서 인양해야 하는 상황이 되었다.

현장 투입 초기, 상대적으로 체력 소모가 덜했던 하규성 잠수사는 주로 선두에서 장애물을 제거하는 작업을 하였다. 배가 기울면서 쏟아져 내린 짐들이 선실과 통로를 막고 있는 곳을 치우고 어긋나서 열리지

하규성: 가족의 시간을 위하여

않는 문짝들을 뜯어냈다. 침몰 당시의 충격에 더해 시간이 지나면서 물에 젖어 약해진 구조물들이 무너져 내려 위험한 순간도 많았다.

하규성 잠수사는 당시의 상황을 한 언론 인터뷰에서 다음과 같이 설명했다.

"기본적으로 우리가 인양할 때는 안고 와요. 안고 팔과 팔 사이에 손을 껴서, 겨드랑이 안에 껴서 그리고 올라온다고. 얼굴을 마주 보면서 올라오는 거지….

그런데 눈 감으면 그 깜깜함이 그대로야. 아무것도 시야에 보이는 게 없어. 배 안의 내장재가 물을 먹게 되니까 계속 무너져 내리는 거죠. 그래서 내가 들어갔을 때 그게 한 번 붕괴돼서 간신히 빠져나온 적도 있어요."[1]

한 달가량이 지나면서 하규성 잠수사의 체력도 바닥이 났다. 하지만 수색 작업은 계속되어야만 했다. 그날도 선체로 진입하여 개척해 놓은 통로를 따라 선실 깊숙이 들어와 수색을 하고 있었다. 지난번 잠수 당시 어렵게 제거한 철문을 지나 두 번째 선실로 들어가 벽을 더듬거리며 희생자의 흔적을 찾았다. 그 방에는 원래 벽에 붙어있었던 사물함 등 시설물들이 무너져 내려 선실 바닥이 온통 장애물들로 가득 차 있었다. 혹시나 장애물 틈에 희생자가 있을지도 모른다는 생각에 바닥 쪽을 짚어 나가는데 무언가가 허리춤을 잡아당기는 느낌이 들었다. 수중에서 적정 몸무게를 유지하기 위해 허리에 차고 있던 웨이트 버클이 바닥에 있는 장애물에서 튀어나온 무언가에 걸린 것이었다. 캄캄한 시야 속에서 허리춤을 확인하려고 몸을 돌리는데 웨이트 버클이 벗겨지

1_ 뉴스타파 목격자들 「세월호 민간잠수사, 끝나지 않은 이야기」 중에서

면서 순간 몸이 위로 붕 떠올랐다. 웨이트 버클은 장애물 사이로 빠져 버렸으니 다시 찾아서 허리에 착용하기엔 주어진 시간이 부족했다. 웨이트 버클이 벗겨진 상태에서 몸을 원하는 방향으로 움직이는 것은 매우 어려운 일이다. 만일 선내로 들어오지 않았다면 수면으로 부상하면 될 테지만 이미 복잡한 통로를 타고 선체 안으로 깊숙이 들어온 다음이었으니 웨이트 버클을 착용하지 않은 상태로 다시 선체를 빠져나가기란 요원한 일이었다. 난감한 상황에서 이 상태로 죽을 수도 있겠다는 불안감이 엄습했다. 수심 48m에서 허락된 잠수 시간이 지나고 있었다. 어떻게든 선내를 빠져나가야 했다. 하규성 잠수사는 선실 벽과 선내 시설물들을 손으로 붙들면서 퇴로를 따라 움직여 나갔다. 몸이 부력을 이기지 못하고 떠올라 자꾸 천정에 부딪혔다. 아무런 생각도 할 수 없었다. 무엇이든 손에 잡히는 대로 움켜쥐고 퇴로를 따라 조금씩 몸을 밀어냈다. 그러는 와중에 생명선인 엄블리컬 호스가 장애물에 걸리는 바람에 숨이 턱턱 막혀왔다. 만일 호스가 꼬이거나 찢어지기라도 하면 그대로 여기서 생을 마쳐야 하는 것이다. 다행히도 한참을 필사적으로 움직여 선체 밖으로 빠져나올 수 있었다. 천만다행으로 무사히 바지선으로 귀환한 후에야 살아있음을 실감할 수 있었다.

몇 차례 위험한 상황을 겪고 난 후부터 하규성 잠수사는 수심 깊은 곳으로 내려가 선내로 진입할 때면 지금 들어가는 이 통로를 퇴로로 삼아 다시 나올 수 있을까 하는 두려운 마음이 들기도 했다. 하지만 막상 희생자를 찾아 선실을 수색하다 보면 신기하게도 그러한 두려움은 어느새 사라졌다. 그것은 막연한 믿음 같은 것이었다. 하규성 잠수사 자신과 동료들에 대한 믿음, 그리고 아직 세월호 선실에 남아있는 희생자들이 자신들을 데려다줄 잠수사만큼은 보호해 주리라는 믿음이었다.

태풍이 지나간 후에

함께 일하는 동료들은 하루하루 지쳐가고 있었다. 동료들보다 늦게 합류하긴 했지만 하규성 잠수사도 예외일 수 없었다. 하지만 계속되는 수중 작업으로 몸이 힘들고 고단한 것보다 잠수사들을 더 힘들게 하는 것은 거짓 뉴스와 사람들 사이에 떠도는 소문이었다. 또 일부이긴 하지만 희생자 가족 중에서도 잠수사들에게 적대적인 언행을 하는 경우가 있었다. 민간잠수사들은 단 한 번도 작업을 할 수 있는 상황에서 몸을 사린 적이 없었다. 그런데도 자식을 기다리는 가족들 입장에서는 물때를 기다리는 잠수사들이 한가롭게 쉬는 것으로 보였던 모양이다. "왜 우리 아이가 있는 곳은 수색을 하지 않느냐?"며 항의하는 정도는 잠수사들도 자식을 잃은 부모의 심정을 모르는 바 아니기에 어쩔 수 없는 일이라고 생각했다. 그런데 드물게는 잠수사들에게 모욕적인 언사를 퍼붓는 유가족들도 있었다. 분신과 같은 자식을 잃은 분들이라 생각해 백번 양보한다 해도 면전에서 모욕을 당하면 참기가 힘들었다.

생각해 보면 모욕적으로 거친 욕을 해대는 가족들보다 무책임하게 사실을 왜곡하여 보도해 실종자 가족들의 오해를 부추긴 언론이 문제였을 것이다. 당시 일부 언론에서는 잠수사들을 돈에 눈이 먼 몰염치한 사람들로 왜곡하는 등 자극적인 보도를 일삼았다. 그 때문에 현장에 나와있던 희생자 가족 중 일부가 민간잠수사들을 왜곡된 시선으로 바라보기도 했다.

하규성 잠수사는 처음 그런 일을 당하고는 견디기 힘들었다. 쿠웨이트 현장에서 넉넉한 보수에 안전하고 편안한 일자리를 팽개치고 오직 잠수사로서 사회적 책임감으로 아무런 조건 없이 세월호 현장으로 달려왔는데, 마치 돈이 욕심나 희생자를 거래의 대상으로 삼는 파렴치범 취급을 하니 분노가 끓어올랐다. 하지만 희생자 가족들에게 직접 화를 낼 수는 없었다. 다만 그러한 상황이 너무도 당혹스러워 짐을 싸서 현장을 떠나야겠다는 생각이 들기도 했다.

실제로 첫 번째 태풍이 북상했을 때 며칠간 육지로 피항을 나가 집에 들른 적이 있었는데, 속으로 다시 돌아가지 말아야겠다는 생각을 하기도 했다. 그런데 갈등을 겪던 하규성 잠수사의 마음을 돌린 것은 딸아이의 한마디였다.

"아빠, 태풍 끝나면 다시 돌아갈 거지?"

하규성 잠수사는 지금도 생각한다. 만일 태풍이 지나간 후에 세월호 현장으로 돌아가지 않았다면 평생 마음의 짐을 안고 살았을지도 모른다고. 태풍은 잠시 가졌던 서운한 감정과 분노까지 깨끗이 쓸고 지나갔다. 욕설을 퍼붓던 희생자 가족들도 자식을 찾은 후에는 대부분 고마움을 표했다. 일부 유가족 중에는 자식의 장례를 치르고 다시 현장으로 찾아와 감사의 인사를 전하는 분도 있었다. 잠시 서운한 마음이 들었다고 해서 어찌 자식을 잃은 부모에게 등을 돌릴 수 있었겠는가?

불명예, 분노 그리고 트라우마

7월 10일 두 번째 피항을 나왔다가 다시 현장으로 들어갈 준비를

나는 세월호 잠수사다

하고 있을 때였다. 민간잠수사들은 해경으로부터 예상하지 못했던 긴 메시지를 받았다. 하규성 잠수사의 휴대폰에도 역시 동일한 문자가 찍혔다.

세월호 사고가 발생한 지 벌써 85일이 지났습니다. 사고 직후 현장에 한걸음에 달려와 어려운 여건 속에서 말 그대로 사투를 벌이며 실종자 수색에 혼신의 노력을 다해주신 점에 머리 숙여 깊이 감사드립니다.

아직 수색이 완전히 마무리되지 못한 상황에서 이번 수색 방식 변경으로 끝까지 우리와 함께하지 못한 점이 너무 아쉽기만 합니다.

하지만 여러분의 헌신적인 노력은 수색에 참여했던 우리뿐만 아니라 전 국민이 높게 평가해 줄 것입니다.

다시 한 번 그동안의 노고에 감사드리며, 이제는 오랜 수색 작업에 지친 몸과 마음을 추스르시고 가정에도 행복이 가득하기를 기원합니다.

2014년 7월 9일
해양경찰청장 김석균 배상

완곡한 표현이 장황하게 나열된 글이었지만 핵심은 현장에서 나가라는 일방적인 퇴거 명령이었다.

결과적으로 문자에 적힌 해경 측의 말은 모두 사실과 달랐다. "혼신의 노력을 다해주신 점에 머리 숙여 깊이 감사드립니다."라고 했지만 얼마 뒤 해경에서는 이광욱 잠수사 사망 사고의 책임을 물어 민간잠수사들의 맏형인 공우영 잠수사를 고발했다. 수색 방식 변경이라는 이유로 민간잠수사를 퇴거시킨 것도 공우영 잠수사를 고발하기 위한 사전 조치로밖에 볼 수 없었다. "지친 몸과 마음을 추스르시고 가정에도 행복이 가득하기를 기원합니다."라고 했지만, 해경과 정부는 당초에 약속했던 산재 처리도 해주지 않아서 민간잠수사들은 참사 현장에서 얻은 부상과 잠수병을 제대로 치료도 못 한 채 여전히 고통 속에서 살아가고 있다.

하규성 잠수사도 동료 잠수사들과 마찬가지로 세월호 현장에서 쫓겨난 후 육체적, 정신적 고통 속에서 살아가고 있다. 그는 현장에 도착했을 때 이미 피로가 누적되어 있던 동료 잠수사들에게 미안한 마음이 들어 감압 시간도 제대로 갖지 못한 채 무리한 잠수를 강행하곤 했다. 그 결과 오른쪽 어깨에 골괴사 판정을 받았으나 정부가 약속한 '산재에 준'하는 수술비 지원을 해주지 않아 수술도 받지 못하고 있다. 또한, 희생자 수습 작업을 하던 당시에는 느끼지 못했던 죽음의 기억이 꿈마다 나타난다. 잠이 오지 않아 약과 술의 힘을 빌려 잠이 들면 아직 선체에 남아있는 희생자들이 구해달라며 하규성 잠수사의 옷깃을 붙잡기도 하였다.

하규성 잠수사는 훗날 한 언론과의 인터뷰에서 무책임한 정부에 대해 다음과 같은 비판의 목소리를 내기도 했다.

> "수색 작업을 하다가 다쳐서 지원을 받으려고 하면 제가 이 참사 때문에 다쳤다는 것을 증명해야 돼요. 참사 때만 '우리 민족의 영웅입니다' 등 입에 발린 소리만 하고 누구도 책임을 지지 않아요. 저희 주민등록번호만 치면 자동적으로 치료가 될 수 있도록 지원 시스템이 마련되면 좋겠다고 생각합니다."[2]

2_ 한겨레신문 인터뷰 기사 2019. 4. 9. 오연서 기자

돌아갈 수 없는 시절

치욕의 세월이었다.

세상 사람들은 세월호 민간잠수사라고 하면 '얼마 벌었냐'는 말을 먼저 물었다. 또 정부는 민간잠수사들을 과실치사 범죄의 공범으로 몰고 갔다. 더욱 치욕스러운 것은 치료를 받기 위해 병원을 찾아가면 마치 구걸하는 사람으로 취급을 한다는 사실이었다. 그나마 정부에서 치료비에 대한 지원이 가능하다고 해서 병원을 찾은 적이 있다. 진료 접수를 하기 전에 먼저 원무과에 들러야 한다.

"저 세월호 잠수사인데요."

"그런데요…?"

"치료비가 지원된다고 해서…."

"어디서 그래요?"

"온마음센터에서…."

"거기가 어딘데요?"

하규성 잠수사는 병원에 갈 때마다 그런 소리를 듣기 싫어 자비로 치료비를 충당하기도 했다. 다른 동료들도 사정은 다르지 않았다.

국가가 하지 못했던 일을 자발적으로 나서서 헌신하고도 사회로부터 마치 벌레 취급을 받는 기분이었다. 그런 일이 반복될수록 자존감은 바닥으로 떨어지고, 급기야 스스로 세상에 존재해야 할 가치조차 상실하게 된다.

2016년 6월 17일 민간잠수사들에게 비보가 전해졌다. 세월호참사의 진실과 현장에서 함께 일했던, 민간잠수사들의 억울함을 밝히는 데 앞장섰던 동료 김관홍 잠수사가 스스로 목숨을 끊은 것이다. 소식을 들은 순간 그가 왜 극단의 비극적 선택을 해야 했는지 하규성 잠수사는 짐작할 수 있었다. 아마도 민간잠수사들은 모두 김관홍 잠수사와 동병상련의 마음이었을 것이므로…. 어쩌면 관홍이가 조금 먼저 간 것일지도 모른다는 생각이 들었다.

> "진짜 우리가 화가 났던 게 그거였어. 관홍이도 그렇고 나도 그렇고, 화가 났던 게 그런 사람들은 다 진급을 했어. 해군에서 세월호 관련 일했던 사람들은 그에 대한 적절한 보상과 포상, 해경도 마찬가지고 다 그렇게 됐어. 그런데 정작 우리는, 우리는 뭐냐고 오히려 욕을 먹지 않나. 우영이 형처럼 엉뚱한 걸 뒤집어씌워서 죄인으로 만들어 놓지를 않나…."[3]

잊고 싶었다. 다시 이전으로 돌아가고 싶었다. 세월호를 잊기 위해 중동 아부다비 현장으로 떠났다. 그러나 그곳에서도 세월호참사와 그 현장을 잊을 수는 없었다. 선체에서 희생자를 안고 나올 때의 생생한 감각, 그리고 유가족들의 오열 소리가 떠나지 않았다. 뭐라고 설명할 수는 없지만, 세월호 현장과는 비교할 수 없을 정도로 안전한 현장에서 편안하게 일하고 있는 동료들을 볼 때마다 화가 치밀었다. 그러다 보니 상사 및 동료들과의 갈등도 이어졌다. 시도 때도 없이 분노와 슬픔이 치밀었다. 그것은 자기 자신을 향한 것이기도 했다.

아부다비 현장에서 하규성 잠수사는 어느새 업무 분위기를 흐리는 싸움닭 같은 존재가 되어버렸다. 그는 더 이상 그 현장에 있을 수 없

3_ 뉴스타파 목격자들 「세월호 민간잠수사, 끝나지 않은 이야기」 중에서

다는 것을 본능적 감각으로 느꼈다. 결국, 고액 연봉을 보장받았던 일을 버리고 다시 돌아와야 했다. 몸과 마음에 새겨진 세월호의 상흔은 그 이전으로 다시 돌아갈 수 없도록 하는 벽이 되었다.

그날 새벽, 견딜 수가 없어서 술에 의지해 잊으려 했다. 하지만 수심 48m에서 목격했던 일들이 입체 화면처럼 생생하게 떠올랐다. 관홍이의 얼굴도 보였다. 관홍이가 죽기 전에 울며 전화했을 때 그에게 했던 말이 자꾸 마음에 걸린다.

"관홍아, 인마! 네가 아무리 괴로워도 자식들을 보낸 유가족에
비하겠니?"

내가 관홍이를 사지로 몰아넣은 것은 아닐까?
하규성 잠수사는 맨발로 베란다로 걸어나갔다. 난간에 몸을 붙이고 아래를 내려다보았다. 아파트 18층에서 내려다본 저 아래 바닥, 그 높이도 대략 48m였다.
지난 3년 동안 그는 아내에게 단 한 푼의 생활비도 가져다주지 못했다. 어느새 스물셋, 스물둘이 된 연년생 두 딸에게 다정한 아빠의 모습을 보여준 게 언제인지도 기억나지 않는다. 언제부터인가 그는 딸들에게 주정과 폭언을 일삼는 아비가 되어있었다. 군무원으로 31년을 근속해 온 아내는 남편인 하규성 잠수사 때문에 유공자 자격이 주어지는 33년 근속을 채우지 못하고 퇴직하였다. 그 후 아내 또한 우울증에 시달리고 있다. '모두 내 탓이다.' 그는 사회에서도 가족에게도 필요 없는, 아니 사라져야 할 존재가 되어버린 것 같았다.
하규성 잠수사는 베란다 난간 위에 발을 올리고 올라섰다. 그리고

아래를 내려다보았다. 마침 비가 내려서인지 48m 아래 그곳은 왠지 자신을 가볍게 받아줄 듯 편안해 보였다.

두 번째 시도였다. 첫 번째 때는 방에 있던 아내가 뛰어나와 난간에 올라선 하규성 잠수사를 끌어내렸었다. 이번엔, 이번엔….

조용히 거실 문이 열리며 아내의 목소리가 들려왔다.

"여보, 들어와."

"여보, 비와, 추운데 들어와."

아내의 목소리가 떨리고 있었다. 알고 있었을 것이다. 그런데 차마 두려워서 나와 보지 못하고 있었던 것이다.

이번에도 아내가 죽음의 늪에서 그를 구했다.

가족의 시간

지금 하규성 잠수사는 포항에서 아내와 함께 지내고 있다. 처음엔 혼자 가겠다고 했으나 아내가 용납하지 않았다. 말은 안 했지만 혼자 있으면 그가 어떤 일을 저지를지 아내는 알고 있었던 것이다.

성인이 된 두 딸아이는 부모가 없이도 저들끼리 인천 집에서 사이좋게 잘 지내고 있다. 아내는 그가 힘들어할 때마다 말한다.

"내가 책임질게."

얼마 전 인천 집에 갔을 때 큰딸이 그에게 뜻밖의 질문을 건넸다.

"아빠, 그런 일 생기면 또 갈 거야?"
"그럼 가야지."

하규성 잠수사 자신도 모르게 나온 대답이었다.

딸아이는 물론 가족들 입에서 세월호에 관한 이야기가 나온 건 몇 년 만의 일이었다. 그가 고통을 받고 있는 동안 집안에서 '세월호'는 금기어였다. 하규성 잠수사가 의아해하는 눈빛으로 딸을 건너다보았다.

"전에는 아빠가 힘들어 하는 것 같아서 이런 말 하지 못했어."

하규성 잠수사는 이제 조금씩 삶의 의지를 다져가고 있다. 그러나 아직은 여전히 힘들다. 그에겐 좀 더 시간이 필요하다. 어느 때쯤, 그해 2014년의 기억을 아무렇지도 않게 이야기할 수 있을 것인가. 가족의 시간을 위해서 말이다.

소명이 된 기억

☾ 강유성

2014년 4월 21일부터 7월 10일까지 세월호참사 현장에서 수습 작업에 참여했다. 해경에 의해 수습 작업에서 배제된 이후 현업에 복귀하지 못하고 있다가 8월 19일 다시 현장으로 투입되어 10월까지 희생자 수습 활동을 하였다. 현재 세월호참사의 진실을 밝히고 동료 잠수사들의 명예를 회복하는 일에 앞장서고 있다.

나를 부르는 목소리

돌아가고 싶지 않았다.

그것이 솔직한 심정이었다. 해경으로부터 일방적인 퇴거 통보를 받고 현장을 떠나야 했을 때 분노와 억울하다는 생각이 앞섰다. 집으로 돌아와서도 그 감정은 좀처럼 수그러들지 않았다. 지난 4월부터 얼음장처럼 차갑고 칠흑처럼 어두운 바닷물 속에 뛰어들어 수많은 희생자를 수습하지 않았던가? 그만하면 민간잠수사로서 할 수 있는 모든 일을 한 것이다. 이제는 그 사건이 발생하기 이전의 생활로 돌아가야 할 때다.

그런데 눈을 감으면 그날의 아이들 모습과 환청이 들려왔다. 대여섯 살쯤 되는 어린 남자아이의 목소리였다. 꿈에서 들리던 그 목소리가 대낮에도 귀를 자극했다. 길을 걷다가도, 밥을 먹다가도, 글을 쓰다가도 문득 고개를 들면 그 소리가 들렸다.

목소리의 주인은 아직도 세월호에서 나오지 못한 권○○ 군이었다. 엄마, 아빠와 함께 가족 모두가 제주도로 이사 가던 중이었다고 했던 가? 사진으로만 보았던 그 아이의 목소리가 마치 오래전부터 알고 지냈던 것처럼 생생하게 들렸다. 특히 술 한잔의 힘을 빌려 잠든 날이면 여지없이 그 아이가 강유성 잠수사를 불렀다. 딸아이 민경이가 식은 땀에 젖은 그를 흔들어 깨운다. 세월호에 남아있는 그 아이도 민경이와 같은 또래인 여섯 살이라고 했다.

세월호 침몰 뉴스에 온 국민이 놀라서 넋을 잃고 있을 때 서둘러 장비를 챙겨 들고 현장으로 달려간 이들이 있었다. 그리고 그들은 4월 20일 전후부터 세월호 침몰 현장에서 희생자들의 주검을 수습하는 일을 수행했다. 누가 시킨 것도 아니고, 돈을 원해서도 아니었다. 강유성 잠수사도 그중 한 사람이었다. 그는 동료들과 함께 292명의 희생자를 수습하여 가족들의 품으로 돌려보냈다. 그러는 동안 계절은 봄에서 여름으로 접어들고 있었다. 하지만 강유성 잠수사를 비롯한 동료 잠수사들은 계절이 바뀌는 것조차 느끼지 못했다. 그저 얼음장 같던 바닷물의 수온이 조금씩 올라갔으며, 바닷속은 더욱 뿌옇게 변해갔다는 것을 몸으로 체감했을 뿐이다. 그들에겐 오직 한 사람의 희생자라도 더 찾아야 한다는 절박함만이 있었다.

그런데 그해 여름, 세월호 수습 작업에 참여했던 민간잠수사들은 각종 언론과 SNS상에 떠도는 이야기 속에서 희생자들을 이용해 이른바 '시신 팔이'를 하는 파렴치한으로 내몰려 있었다. 그리고 7월 10일, 해경은 그동안 수습 작업에만 몰두하던 민간잠수사들에게 갑자기 퇴거 명령을 내렸다. 일방적인 해고나 다름없었다. 3개월여 동안 하루에 2~3차례씩 많게는 4~5차례씩 잠수하는 무리한 작업으로 그들에

게 남은 것은 누적된 잠수병으로 뼈가 괴사되는 골괴사와 정신적 트라우마였다. 사람들의 시선 또한 곱지 않았다. 세월호 잠수사라는 말을 들으면, 돌아오는 질문은 '돈 많이 벌었겠군?'이라는 비아냥거림이었다. 청와대 고위 관계자가 '잠수사들이 시신 한 구당 500만 원을 번다'는 허위사실을 대놓고 언론에 떠들어댔을 정도이니 일반인들의 왜곡된 인식을 탓할 수도 없는 일이었다.

그러나 배 안에는 사람이 있었다.

세월호 안에는 여전히 잠수사가 찾아와 자신을 데려가 주기를 애타게 기다리는 미수습 희생자들이 있었다. 해경의 일방적인 통보로 쫓겨나듯 현장에서 철수할 때만 해도 강유성 잠수사는 더 이상 그곳을 찾을 일은 없을 것이라 생각했다. 동료들 역시 그랬을 것이다. 상할 대로 상해버린 몸, 정신적 트라우마, 사회적 고립감, 그리고 유가족들을 떠올릴 때마다 드는 죄책감…. 다시 돌아간다면 견디기 힘든 이 고통의 무게가 더욱 무거워질 것이다.

그러나 세월호 현장에 재투입 요청을 받았을 때 강유성 잠수사는 다시 장비를 챙겨 차에 실었다. 그리고 다시는 돌아가지 않으려 했던 팽목항을 향해 차를 몰았다. 문득 세월호 사고 초기 강유성 잠수사 자신의 로그 북에 적어두었던 글이 떠올랐다.

> 시간이 어찌 흘러가는지
> 밥을 먹어야 하는 건지
> 아니 먹어도 되는 건지
> 잠을 자도 되는 건지
> 모를 상황이 흘러가고 있었다.
> 무조건 시신을 아니 생사를 확인해야 했다.
>
> 2014. 4. 22. 로그 북[1]

밤길을 달려가는 차 안에서 강유성 잠수사의 귓전에 그 아이, 권○○ 군의 목소리가 다시 들려오는 듯했다.

누군가는 기억해야 할 마지막 얼굴들

강유성 잠수사는 지금도 희생자들의 모습을 생생하게 기억한다. 세월호 선체에서 처음 희생자를 수습한 것은 사고 닷새째인 4월 21일 2차 잠수 때였다. 동료인 이상진 잠수사와 함께 선실 유리창을 깨고 들어가 두 명의 학생을 안고 올라왔다. 한 손으로는 탐색줄을 잡은 채

1_ MBC 다큐스페셜「로그 북 세월호 잠수사들의 일기」(2018. 4. 23. 복진오 감독) 중에서

나머지 한 팔로 희생자의 허벅지와 팔을 한꺼번에 끌어안고 수면으로 올라왔다. 바지선 위로 끌어올려 눕혀놨던 두 학생, 강유성 잠수사는 그 얼굴들을 지금도 잊지 못한다. 그들 두 학생은 그저 피로에 지쳐 잠시 잠이 든 모습처럼 평온해 보였다. 흔들어 깨우면 당장에라도 눈을 뜨고 기지개를 켜며 일어날 것만 같았다. 하지만 가족들의 오열에도 불구하고 결국 두 학생은 눈을 뜨지 않았다.

첫 수습 이후 강유성 잠수사는 오로지 한 명의 희생자라도 더 수습해야 한다는 마음뿐이었다. 비록 세월호 속에 남아있는 희생자들은 이미 사망한 상태였지만 그는 입수를 할 때마다 마음속으로 주검의 '수습'이나 '인양' 작업이 아니라 살아있는 사람을 찾아 구조한다는 각오를 다졌다. 300여 명의 승객, 그것도 어린 학생들이 대부분인데 그들 모두가 이미 사망했다고는 도저히 믿어지지가 않았기 때문이다. 물론 생존을 기대할 수 있는 상황은 아니었지만 강유성 잠수사는 입수 때마다 바닷물에 몸을 던지며 마음속으로 생명을 구해오겠다는 다짐을 했다. 그는 '구조 작업' 당시의 상황을 한 언론 인터뷰에서 다음과 같이 술회했다.

> "맨발의 발가락을 먼저 만졌어요. 그 감각이 아직도 잊히지 않는데 그 당시에는 수온이 차가워서 발가락이 많이 오므라져 있었어요. 더듬더듬 올라와서 아이를 수습했는데 그 마음은 제가 지금 따로 이거는 제가 뭐라고 해야 할지….
>
> 온갖 장애물들을 헤쳐놓고 아이가 최대한 더 이상 상하지 않게 가슴팍에 그 아이의 얼굴을 묻었어요."[2]

2_ JTBC 이규연의 스포트라이트 〈세월호 잠수사의 600일〉 2019. 2. 16. 방송

그의 말처럼 그가 구조한 희생자는 이미 숨이 끊어진 주검이 아니라 다만 잠시 잠이 들었을 뿐 여전히 살아있는 생명으로 느껴졌던 것이다. 자신의 체온으로 녹여주면 금세 숨을 내쉬며 일어날 것만 같았다. 그랬기에 그는 희생자가 조금이라도 상처를 입지 않도록 가슴에 끌어안고 조심스레 선실을 빠져나왔다.

"복도를 꺾어서 나와 복도를 타고 나와서 가야 돼요. 그럼 얘를 어떻게 해야 되겠나. 내 품 안에 꼭 안아야 돼요. 그렇지 않으면 어딘가에 부딪혀요.

내 가슴이 아파.

죽은 아이지만 바로 내 코앞이야. 근데 살아있는 아이가 아니야. 죽은 아이야. 죽은 아이야…."[3]

강유성 잠수사의 눈과 손과 팔, 온몸에는 세월호 희생자들의 마지막 순간의 모습이 마치 선명한 증명사진처럼 새겨져 있다. 그에게 삶과 죽음의 경계는 이미 희미하게 사라져 버린 뒤였다.

세월호를 기억하는 사람들에게 사고의 희생자들은 이제 자그마한 영정 사진이나 생전의 아름다웠던 모습을 담은 스냅사진으로 남아있다. 희생자의 유가족이나 지인들, 그리고 세월호를 안타깝게 지켜보았던 이들의 기억 저장소가 가급적 아름다운 모습으로 채워진다면 조금이나마 위로가 되지 않을까? 먼 하늘나라의 별이 된 아이들도 자신이 누군가의 아름다운 추억으로 남기를 원하지 않을까?

하지만 강유성 잠수사의 기억 저장소에는 생의 마지막 순간까지 치

3_ 같은 방송 중에서

열하게 발버둥 치던 희생자의 모습이 남아있다. 사실 희생자들의 마지막 모습에 대해서는 유가족분들에게는 미안하고 죄송한 마음에 6년여의 시간이 지나는 동안 차마 말하지 못했던 상황들이 많다. 처음 수습했던 두 학생처럼 평온히 잠든 듯한 모습도 있었지만, 대부분의 희생자는 물속에서 사투를 벌이던 마지막 모습을 보여주듯 참혹하기만 했다. 물에 불어 부풀어 오른 모습은 생각하고 싶지 않을 정도로 처참했으며, 또 다른 희생자는 시간이 한참 지나서야 발견되는 바람에 형체를 알아볼 수 없는 모습이기도 했다.

흔히 많은 사람이 세월호는 이제 잊을 때가 되었다고 한다. 희생당한 아이들을 가슴에 묻고 아름답게 보내주어야 한다고 말하기도 한다. 그렇게 이야기하는 사람들 역시 악의가 있다고는 생각하지 않는다. 그러나 강유성 잠수사는 그런 말을 들을 때마다 속으로 분노가 치밀어 오른다. 세월호참사라고 하면 일반 국민들께서는 TV 화면 속에 세월호가 기울어져 침몰하고 있는 영상으로만 기억되시는 분들이 많다. 그런데 그 침몰되고 있는 영상의 배 안에서는 가슴 아프고 처절한 사투가 벌어지고 있었다. 안타깝게도 그 순간들을 생각하고 기억하는 사람들은 그리 많지 않다. 차가운 바닷물이 목젖까지 차오를 때 아이들은 엄마, 아빠를 찾으며 얼마나 두렵고 고통스러웠을까? 공기 대신 짠물이 폐로 가득 들어차는데 마지막 순간까지 열리지 않는 창을 손톱으로 뜯어내던 참상을 한 번이라도 생각해 보았는지 되묻고 싶어진다. 강유성 잠수사는 생존 가능성 제로의 상황에서 살기 위해 발버둥치다 친구들과 함께 팔짱을 꼭 끼고 끌어안은 채 숨이 멈춰버린 희생자들의 마지막 모습을 두 눈으로 직접 목도했다. 그렇기에 결코 희생자들을 아름다운 모습만으로 기억할 수가 없다. 처절한 지옥의 모습을 목도하였는데 어찌 억지로 천국의 모습으로 기억하라고 말할 수 있단 말인가?

2015년에 어렵게 열렸던 세월호 특조위 1차 청문회에서 단원고 2학년 7반 정동수 학생의 아버지 정성욱 씨는 아들 동수의 마지막 모습이 담긴 사진을 공개하면서 이렇게 말했다.

"…지금 제가 들고 있는 것은 동수가 처음 발견되었을 때 모습입니다. 참 많이 망설였습니다. 이 사진을 공개해야 할지 말 지를요…. 이게 동수의 마지막 모습입니다. 이걸 한번 보시고 끝까지 진실 규명 부탁드리겠습니다."

동수 아버지 정성욱 씨인들 자기 아들의 처참한 모습이 담긴 사진을 다른 사람들에게 보여주고 싶었을까? 아니었을 것이다. 세상의 어느 부모도 사람들에게 자식이 죽어가던 모습을 드러내 보여주고 싶은 사람은 없을 것이다. 그럼에도 불구하고 동수 아버지는 왜 그래야만 했을까? 그 사진을 공개하기까지 얼마나 많은 갈등을 했을지 짐작하고도 남는다. 하지만 그것이 바로 진실을 담은 현장의 모습이었다. 강유성 잠수사도 그 사실을 알기에 청문회를 지켜보며 동수 아버지를 비롯한 유가족들과 함께 전율하고 분노의 눈물을 흘렸다.

참혹했던 사건의 진실을 마주하는 것은 고통스럽다.
하지만 누군가는 그 진실의 모습을 생생하게 기억해야만 한다. 강유성 잠수사는 고통스러운 기억이지만 진실을 전해야 할 소명이 자신에게 있다고 믿는다. 너무도 처참했던 사고 현장의 모습을 더 이상 생각하고 싶지는 않지만, 비극의 현장 가장 가까운 곳에서 그 모습을 보았고, 희생자들을 몸과 마음으로 안아 구조했기에 그 고통스러운 진실도 스스로 끌어안기로 했다. 그러므로 강유성 잠수사는 '세월호 진실의 기억자'라는 운명을 회피하지 않으려 한다.

누군가는 반드시 기억해야 할 얼굴들이 있기 때문이리라.

현실이라는 괴물

강유성 잠수사는 현재 세월호 현장에서 무리한 잠수 작업을 하면서 생긴 부상과 후유증으로 고통을 겪고 있다. 어깨 부위가 파열된 부상은 2018년 수술로 어느 정도 치료를 했지만, 누적된 잠수병으로 생긴 골괴사는 2019년 2월 현재까지 치료를 하지 못하고 있으며 그 통증은 여전히 불안하게 지속되고 있다. 육체적인 고통도 심하지만, 트라우마로 인한 심리적인 고통도 참을 수가 없다. 한때는 술에 의존하여 고통을 잊으려 했지만 그것은 임시방편일 뿐, 시간이 지날수록 상황은 악화되어 갔다. 꿈속에서는 계속하여 ○○ 군의 목소리가 들리고, 단원고 학생들의 허우적거리며 구해달라는 손짓이 멀리서 다가오다가 사라지곤 했다. 자다가 일어나 방안을 서성거리기도 했다. 술에 취해 잠드는 횟수가 많아지면서 그의 몸과 정신은 더욱더 황폐해져 갔다. 뒤늦게 얻은 딸아이 민경이가 그런 아빠의 모습을 보고 등을 다독여주었다. 강유성 잠수사는 문득 어린 딸을 위해서라도 어떻게든 이 상황을 극복해야겠다는 생각이 들었다. 다행히 이제는 민경이가 아빠 걱정을 하는 게 미안하기도 해서 술을 줄이고 대신 약을 복용하면서 트라우마를 이겨내려고 노력하고 있다.

그는 요즈음에도 잠이 들면 어느새 세월호 선내로 접어들게 된다. 체격이 비교적 아담하고 날렵한 편인 그는 좁은 공간에서 활동력이 좋아 세월호 수습 작업 당시에도 좁은 객실 수색에서 늘 최전방을 맡았다. 그랬기에 지금도 눈을 감으면 바로 그 현장으로 돌아가 수색 작업을 벌이는 것이다. 거기에는 여전히 참혹한 모습의 희생자들이 있다. 물이 차오르는 선실에서 에어포켓을 찾아 마지막 사투를 벌이다 목이 비틀어진 주검의 모습, 부패할 대로 부패하여 흐무러진 살이 손을 대면 벗겨져 나가는 주검 등 차마 말로 설명할 수도, 눈뜨고 보기도 어려운 참혹한 장면들이다. 한때는 잠들기가 두려웠던 적도 있었다. 한 번도 숙면을 취할 수 없었고 늘 꿈속에서는 희생자들의 모습이 보였기 때문이다. 하지만 이제는 그렇지 않다. 현실이 어떠하든 피하지 않고 정면으로 마주하기로 마음먹지 않았던가? 현실에 맞서 진실을 밝혀보고자 애를 쓰다가 먼저 간 관홍이를 생각해서라도 그 마음은 변치 않을 것이다.

동료 잠수사였던 김관홍 잠수사의 사망 이후 잠수사들의 치료와 지원을 위한 일명 '김관홍법'이 국회에 제출되었다. 김관홍법은 그동안 세월호참사 피해자 지원에서 소외되었던 민간잠수사들과 단원고 교직원 등 세월호 관련 피해자의 범위를 넓혀 의사상자로 인정하는 내용을 담았다. 처음 세월호 피해자 지원을 위해 제정되었던 '4·16 세월호참사 피해 구제 및 지원 등을 위한 특별법'에는 민간잠수사에 대한 지원은 없었다. 그동안 민간잠수사들은 잠수병과 트라우마 등 각종 질병에 시달리면서도 단기간의 치료만 받고 그 이후에는 개인적으로 치료를 하거나 형편이 되지 않으면 방치해 왔던 것이다. 그러다가 김관홍 잠수사가 심리적 트라우마로 인해 극단적인 선택을 한 후 민간잠수사에 대한 사회적 관심이 대두되었다.

강유성 잠수사와 동료 잠수사들은 '김관홍법'을 관홍이가 동료들을 위해 마지막으로 주고 간 선물이라고 여기고 있다. 그러나 여야의 정치싸움 때문에 실질적인 지원을 기대하는 것은 거의 포기한 상태이다. 관홍이의 목숨과 바꾼 그 법이 시행은커녕 여전히 통과조차 되지도 못하고 있으니 먼저 간 관홍이에게 면목이 없다. 관홍이는 고지식하고 의협심이 강한 후배였다. 한번 마음먹은 일에서는 절대로 물러나는 일이 없었다. 그렇기에 진실을 감추고 호도하는 정부와 위선으로 일관하는 고위 관료들의 행태를 보고 더욱 울분을 참지 못했을 것이다. 게다가 해경에서 대통령의 지시로 추가로 긴급 투입됐던 이광욱 잠수사 사망의 책임을 전가하기 위해 선배 잠수사 공우영 형님을 과실치사 혐의로 고발하였으니 그 분노를 더욱 견딜 수 없었을 것이다.

강유성 잠수사는 김관홍 잠수사가 스스로 목숨을 끊기 전에 막지 못한 것이 못내 아쉽기만 하다. 평소 전화통화로 이런저런 조언도 하고 때론 너무 나서지 말라는 잔소리도 했지만, 불행을 막지는 못했다.

살아생전 관홍이가 간절히 원했던 것은 다름 아닌 '진실'이었다. 정부의 보상이나 치료 지원은 그다음이었다. 관홍이는 떠났다. 이제 관홍이가 그토록 원했던 진실을 찾는 일을 동료들이 해나가고 있다. 강유성 잠수사도 진실을 밝히는 일에 앞장설 각오가 되어있다.

사실 세월호참사 이후 약 1년 동안 강유성 잠수사는 그저 멍한 기분이었다. 몸은 집에 와 있었지만, 현실감이 없었다. 현장을 떠나 집으로 돌아오고도 얼마간은 직접 바다 밑 세월호 선체에 들어가서 뿌연 물속을 헤매며 시신을 찾던 일들이 가물가물 떠올랐다. 이상하게도 시간이 지날수록 기억은 더욱 생생해져 갔다. 그동안 잊고 있었던 일조차 새록새록 떠오르면서 마치 사진첩을 펼쳐보며 과거를 추억하듯 현장의 모습이 전개됐다. 평소 글쓰기를 좋아하고 늘 사소한 것이라도 메모하는 습관 덕분이기도 했다. 그는 현장에 있으면서도 잠수사들의 일기이자 업무일지라고 할 수 있는 로그 북을 꼼꼼히 작성했었다. 어느 정도 시간이 지나 그 기록들을 살펴보면서 가슴속 깊이 묻혀있던 기억들이 되살아났던 것이다.

강유성: 소명이 된 기억

강유성 잠수사는 그 기억들을 하나씩 정리하고 다시 기록해 나가기 시작했다. 세월호의 증언자이자 기록자가 되기 위해서는, 참혹하여 생각하고 싶지 않지만, 그 소중한 기억들을 단단히 붙잡아두어야 하기 때문이다. 그는 세월호참사 약 일 년 뒤에 쓴 로그 북에 다음과 같은 기록을 남겼다.

> 나의 시간은 지금 일 년 전에 멈춰져 있다.
> 이제 새로운 태엽의 동력을 가동할 시간이다.
> 움직여야 한다.
> 생각해야 한다.
> 어울려야 한다.
> 함께해야 한다.
> 즐거워야 한다.
> 즐길 줄 알아야 한다.[4]

그의 기록에서처럼 그는 새로운 태엽의 동력을 가동해 가고 있다. 진실 규명을 가로막는 현실이라는 괴물에 맞서 싸워나가는 일은 결코 쉽지 않다는 것을 그는 잘 알고 있다. 그러나 세월호의 증언자, 기록자가 되기로 한 이상 머뭇거릴 이유가 없다.

잠수사로서의 운명

강유성 잠수사는 군대 시절 해군 UDT 대원으로서 혹독한 훈련을

4_ MBC 다큐스페셜 「로그 북 세월호 잠수사들의 일기」(2018. 4. 23. 복진오 감독) 중에서

받으며 잠수와 첫 인연을 맺었다. 1992년 군 복무를 마치고 제대할 때
만 해도 군에서 배운 잠수 업무가 직업이 되리라고는 생각하지 못했다.

대학에서 토목환경공학을 전공한 터라 군 복무 후에는 막연히 전공
과 관련된 방향으로 진로를 생각하고 있었는데 마침 서천에서 카센터
를 운영하고 계신 형님이 '유성이 네가 손재주가 좋으니 당분간 함께
카센터 사업을 해보지 않겠냐'는 제안을 했다.
그는 형님의 제안을 받아들여 서천으로 내려
가 형님과 함께 본격적으로 카센터 사업을 시
작했다. 사업은 나름 안정적이었지만 아주 잘
되는 편은 아니었다. 그러던 중 94년 여름 휴
가차 만리포 해수욕장에 놀러 가게 되었는데
그곳에서 우연히 배 한 척이 스쿠류에 그물이
감겨 좌초된 것을 보았다. 많은 사람이 모여있
었지만 어찌할 줄 방법을 모르고 여기저기 연
락을 하며 허둥대고 있었다. 옆에서 전후 사정을 들어보니 물속으로
들어가 스쿠류에 감긴 그물을 제거하기만 하면 해결이 가능할 것 같
았다. 강유성 잠수사는 군대 시절 UDT 훈련에서 배운 수중침투 기
술을 활용하면 해결할 수 있겠다는 생각에 관계자에게 자신이 해보겠
다고 나섰다. 그의 말은 들은 관계자는 반신반의한 표정으로 한번 해
보라고 권했다. 강유성 잠수사가 공기통도 없이 맨몸으로 능숙하게 잠
수하여 스쿠류에 얽혀있는 그물을 제거하자 배가 거짓말처럼 다시 움
직이기 시작했다. 관계자는 강유성 잠수사에게 감사하다면서 당시로
써 꽤 많은 돈을 사례로 건넸다. 한 달 내내 일해야 벌 수 있을 정도의
큰돈이었다.

그때부터 본격적으로 잠수 관련 일을 시작하게 되었다. 처음엔 연안

에 정박한 배의 스쿠류 점검과 여객선의 와이어 해체 작업 등을 하다가 점차 영역을 넓혀 토목공사, 수중용접 등 명실상부 산업잠수사로서의 길을 가게 되었다.

우연한 인연이 한 사람의 삶의 방향을 결정하기도 한다. 강유성 잠수사가 직업 잠수사의 길을 가게 된 것도 우연이었고, 세월호 현장에 가게 된 것도 어찌 보면 우연이었다. 하지만 우연이었다고 해서 이미 결정된 운명을 다시 되돌릴 수는 없다는 것을 강유성 잠수사는 잘 알고 있다. 한번 정해진 운명은 오롯이 자신의 몫이 되고 반드시 치러내야 할 소명이 되기도 한다는 것을 그는 잘 알고 있다.

세월호 사고를 접하고 무작정 장비를 챙겨 팽목항으로 달려갔던 것도 자신에게 주어진 소명이었다고 생각했기 때문이었다. 그래서 강유성 잠수사는 앞으로도 자신에게 주어진 소명을 피하지 않으려 한다.

세월호의 증언자

세월호참사가 있은 지 벌써 6년째, 새로운 정부가 들어서면서 감추어져 있던 일부 사실들이 새롭게 밝혀지기도 했다. 그러나 세월호와 관련된 많은 사실이 여전히 베일에 가려져 있다. 누군가는 시간이 더 흐르고 흘러 세월호가 사람들의 기억에서 잊히기를 원하고 있을지도 모른다. 또 다른 누군가는 고통스러운 기억보다 즐겁고 재미난 일들로 기억을 채우고 싶을 수도 있다.

그 때문에라도 강유성 잠수사는 스스로 세월호의 증언자이자 목격자로서 그 소명을 다하고자 한다. 그는 해경에 의해 현장에서 퇴거 조치 당한 후 한 달여 뒤, 다시는 가고 싶지 않았던 현장으로 다시 가도록 이끈 그 목소리를 기억한다. 당시 여섯 살이던 그 아이 권○○ 군은 지금까지 돌아오지 못했다. 같은 또래인 강유성 잠수사의 딸 민경이는 이제 12살이 되었다. 민경이가 밝고 건강하게 커가는 것처럼 만일 세월호참사가 없었다면 권○○도 그랬을 것이다. 미수습자 중에는 권○○ 아버지도 함께 있어 아빠와 함께 좋은 곳으로 갔기를 빌 뿐이다.

강유성 잠수사는 지금도 수시로 아들의 참혹한 모습이 담긴 사진을 공개했던 동수 아버지의 마음이 되어보곤 한다. 그리고 세월호 선실 속에서 생의 마지막 순간을 맞아야 했던 이들을 생각한다. 그리고 그들을 위해, 그리고 자신을 포함하여 이 세상을 살아가는 모든 이들을 위해 진실의 증언자가 되려는 각오를 다진다. '우연'히도 강유성 잠수사 자신에게 주어진 소명을 회피하지 않고 완수하기 위해서…

주홍글씨

이 상 진

세월호 침몰 사고 직후인 2014년 4월 18일부터 7월 10일까지 줄곧 현장에서 희생자 수습 작업을 하였다. 초기부터 많은 희생자를 수습하며 처참한 현장의 모습을 보았다. 하루 4~5회의 잠수를 강행하는 과정에서 골괴사 및 뇌에 물이 차는 잠수병 후유증이 발생하였고, 지금도 그로 인한 고통을 겪고 있다.

지옥의 모습

유리창 너머로 사람의 머리가 보였다. 희생자들은 객실 창에 머리를 바싹대고 있었다. 이상진 잠수사의 맥박이 빨라지기 시작했다. 유리창을 깨야 한다. 준비해간 망치를 들었다. 하지만 어디를 겨냥해서 망치를 내리쳐야 할지 타격점을 찾을 수 없었다. 유리가 깨지는 순간 창에 밀착해 있는 희생자의 머리에도 상처가 날 것이 분명했기 때문이었다. 살아있는 사람이라면 오히려 지혈이 가능하지만 숨을 거둔 주검은 작은 상처에도 출혈이 멈추지 않는다는 것을 이상진 잠수사는 오랜 경험을 통해 알고 있었다. 함부로 유리창을 깨다가 자칫 선체 내부에서 발견된 첫 번째 희생자의 얼굴을 피범벅으로 만들 수는 없는 일이었다.

희생자의 머리가 직접 밀착해 있지 않은 유리창의 구석을 찾아 망치로 조심스럽게 때려보았다. 유리창은 꿈쩍도 하지 않았다. 물속에서 망치질을 하면 수압 때문에 그 충격이 제대로 전달되지 않는다. 유리를 지지하고 있는 고무 패킹과 유리창 안쪽에 붙은 기포 또한 충격을 흡수하는 역할을 한다. 두 번, 세 번, 네 번…. 이상진 잠수사는 조심스레 창문 모서리를 향해 망치질을 계속했다. 숨이 가빠지는 소리가 통신선을 타고 위로 전달되자 바지선 지휘부에서도 뭔가 발견되었다는 것을 직감적으로 알아차렸다. 모두들 긴장하지 않을 수 없었다.

약 30여 회 이상 망치질을 했을까? 팔에 쥐가 나려고 하는 순간 유리가 쩍 하고 갈라졌다. 다행히 파편이 튀지는 않았는지 희생자의 얼굴에 피가 보이지는 않았다. 유리를 제거하자 열린 창으로 구명조끼를 입은 희생자 한 명이 부력에 밀려 솟아 올라왔다. 세월호에서 수습된 첫 번째 희생자였다. 차오르는 물속에서 탈출하려고 얼마나 창문을 두드렸는지 희생자의 손은 시커멓게 멍이 들어 있었다. 이상진 잠수사와 함께 한 조를 이루어 입수한 김순종 잠수사가 첫 번째로 선실 밖으로 나온 희생자를 안고 수면 위로 올라갔다. 곧이어 또 한 명의 희생자가 올라오다가 창문틀에 어깨가 걸렸다. 그 역시 손이 새까맣게 변해있었다. 침몰한 배가 누워버린 상태에서 천정에 뚫린 유일한 탈출구였을 유리창, 희생자들은 마지막 순간까지 이 유리창을 깨뜨리기 위해 안간힘을 썼을 것이었다. 맨손으로 어떻게든 유리창을 깨보려고 하다가 손은 시커멓게 피멍이 들었을 것이다. 만일 유리창 옆에 비상용 망치라도 한 자루 있었더라면 희생자들은 유리창을 깨고 밖으로 나올 수 있었을 텐데. 아니면 물이 차오르기 시작할 때 누군가 밖으로 나오라는 방송 한마디만 했더라면 지금 이 창문 사이로 이들을 대면하지 않아도 되었을 텐데.

이상진 잠수사는 현장에서 철수한 후 세월호 희생자 합동분향소를 찾아 조문을 마친 후 한 언론과의 인터뷰에서 수습 작업 초기의 상황에 대해 이렇게 말했다.

"처음에는 투입된 민간잠수사가 7명 정도에 그치다 보니, 몸이 많이 힘들었습니다. 하루에 세 번 잠수하고 탈진 상태에서 함정으로 실려 갔는데, 일주일 동안 잠수하지 말라는 진단을 받았어요. 하지만 우리가 마지막 희망이라는 가족들의 간절한 부탁과 시신을 찾은 뒤 눈물로 감사하다고 말하는 실종자 가족들을 보며 작업을 멈출 수 없었습니다."[1]

그는 지옥을 보았다. 이상진 잠수사의 눈에 비친 그곳은 바로 아비규환 지옥의 모습이었다.

예상과는 전혀 달랐던 현장

3~4일 정도면 되리라고 생각했다. 세월호 사건이 발생했을 때 이상진 잠수사는 마침 사고 현장에서 약 20km 인근 해상에서 오래전 침몰한 배를 고철로 분해하여 인양하는 작업을 하고 있었다. 세월호 사고를 전후한 시기는 소조기여서 잠수사로서는 매우 바쁜 시기이며, 동시에 수입도 좋을 때였다. 공우영 선배로부터 연락을 받은 것은 사고가 발생한 다음 날인 4월 17일이었다. 해경에서 긴급연락이 왔는데 침몰한 세월호에서 기름이 유출되고 있으니 우선 그걸 막아야 한다는 것이었다. 기름 유출을 막는 작업이라면 이미 몇 차례의 유사한 경험이 있어 넉넉잡아 3~4일이면 완료하고 다시 원래 하고 있는 작업 현

1_ 문화일보 2014년 7월 15일 기사, 김다영 기자

장으로 복귀할 수 있으리라 생각했다.

마침 함께 같은 현장에서 작업 중이던 김순종 잠수사와 함께 장비를 챙겨 현장으로 가면서 평소 여러 현장에서 작업을 함께했던 백인탁 잠수사에게도 연락을 취했다. 모두 며칠 정도 시간 내는 것은 가능하다며 흔쾌히 동참하겠다는 의사를 밝혔다. 연락을 받은 당일인 17일 저녁에 팽목항에 도착했다. 그러나 바지선 접안이 안 된 관계로 다음 날 저녁이 되어서야 서망항에서 해경 경비정 편으로 현장에 닿을 수 있었다.

그때까지만 해도 기름 유출만 해결하고 곧바로 기존 현장으로 복귀할 생각이었다. 그런데 첫 탕을 시도하는 순간 기름 유출이 중요한 게 아니라는 것을 직감했다. 선실 창문을 통해 희생자들이 갇혀있다는 사실을 알았으니 그대로 그곳을 떠날 수는 없었다. 잠수사라면 누구나 같은 생각을 했을 것이다. 물속에 갇혀 뭍으로 나오기를 간절히 바라는 사람이 있다면 그가 목숨이 붙어있든 아니면 이미 생을 마감했든 먼저 구해내야 한다는 생각 말이다. 잠수사에게 있어서 생존자와 사망자는 다른 존재가 아니었다. 수습해야 할 희생자가 있다는 것을 확인한 이상 현장을 떠난다는 것은 생각할 수도 없는 일이었다.

첫 탕부터 조류가 만만치 않았다. 웨이트 벨트에 2kg짜리 납덩이 12개를 매달았는데도 수직으로 연결한 줄을 잡자 몸이 수평으로 밀려 나갔다. 함께 첫 탕에 나선 김순종 잠수사도 엄청난 유속에 혀를 내둘렀다. 초기에는 바지선 위의 상황도 너무 열악했다. 잠수를 마치고 올라오면 몸이 얼어버릴 것처럼 한기가 몰려오는데 몸을 녹일 공간조차 없었다. 고작 2평 남짓한 좁은 공간에 거의 20명에 가까운 사람들이 추위를 피해 들어와 있었는데 그중에서 실제 잠수를 하는 사람은 6명에 불과했다. 며칠 뒤 언딘 바지선으로 교체가 된 후에 사정은 조금 나아졌지만, 작업 조건은 일을 마칠 때까지 크게 개선되지 못했다. 특히 초기에는 먹을 것조차 제대로 공급되지 못해서 잠수를 마치고 올라오면 밥을 굶는 때도 있었다. 그나마 도시락을 주문해 놓으면 잠수하는 사이에 누가 먹었는지 사라지는 황당한 경우도 있었다. 각종 지원 물품들이 모여들고 있다는 언론의 보도 때문이었는지 해군 사병들이 민간잠수사 숙소를 찾아와 간식이나 술, 담배가 있으면 달라고 요청하기도 했다. 하지만 산더미처럼 쌓였다는 지원 물품은 잠수사들이 있는 바지선까지는 거의 도달하지 않았다.

살릴 수 있었다

"살릴 수 있었다."

이상진 잠수사는 첫 탕 이후 지금까지 주위에 다른 사람이 없을 때면 혼잣말을 중얼거리곤 한다. 사고 당시 세월호에 승선했던 승객 중 화물차 기사나 사업상 제주를 수시로 오가던 사람들은 대부분 목숨을 건졌다. 희생자의 대부분은 여객선을 타본 경험이 거의 없는 학생들과 일반인 승객들이었다. '현재 위치에 가만히 있으라'는 안내방송을 성실하게 따랐던 이들이 목숨을 잃은 것이다.

'살릴 수 있었다.' 밖으로 나오게만 했으면 인근의 낚싯배와 어선들만으로도 살릴 수 있었다. 그런데 구조선이나 구조헬기가 제대로 지원되기도 전에 민간 어선의 접근 금지 명령이 떨어지면서 그나마 스스로 물 밖으로 나온 승객마저 전부 구하지를 못했다. 이상진 잠수사는 그 생각만 하면 가슴속에 뭔가가 치밀어 오르며 견딜 수 없는 지경이 된다. 그러면서 자식을 잃은 부모들의 마음은 어떻겠는가 생각한다. 이상진 잠수사에게도 세월호에서 희생된 단원고 학생들과 비슷한 또래

금호크레인 바지선

언디리베로 바지선 위 준비 중

이상진: 주홍글씨

의 아이가 있다. 그렇다 보니 더욱 유가족들의 고통이 남의 일 같지 않게 느껴지는 것이다.

애당초 예정되어 있던 일이 있었기에 처음엔 3~4일, 길어야 일주일만 작업을 돕다가 원래 계획했던 현장으로 돌아가려고 했다. 그러나 줄지어 올라오는 희생자의 주검을 보면서 애초 약속했던 업체와의 계약은 깰 수밖에 없었다. 한 번은 6인실 객실에서 27명의 희생자를 수습한 적도 있었다. 차오르는 물을 피해 위쪽으로 위쪽으로 밀려 올라오다가 더 이상 갈 곳이 막힌 그곳에서 동급생들과 끌어안고 최후를 맞았을 아이들을 보면서 이상진 잠수사는 머릿속이 하얗게 변하는 듯한 경험을 했다. 당시 충격이 얼마나 컸던지 어떻게 주검을 수습하여 바지선으로 올렸는지가 잘 기억이 나지 않는다. 다만 손에 잡히던 그때의 감각만은 지금까지도 생생하게 남아있다. 세월호 잠수사들은 수습 작업을 하면서 후반으로 갈수록 선내에서 감각이 극도로 예민하게 살아나는 경험을 했다. 이상진 잠수사 역시 시야가 확보되지 않는 세월호 선내에서 예민한 촉각과 후각만으로 희생자들을 찾아냈다. 고무 코팅이 된 두꺼운 장갑을 끼고도 머리카락 한 올만 스치면 그것을 느낄 수 있었다. 부패한 주검에서 풍겨 나오는 냄새도 놓치지 않았다. 지금도 세월호 선체 안에서 느꼈던 비슷한 이물감이 손끝에 느껴지기라도 하면 자신도 모르게 그것을 붙잡으려고 손을 휘젓곤 한다. 맨정신에도 그러할진대 꿈에서는 오죽할까? 밤새도록 물속을 헤매고 다니다가 잠을 깨는 날이 부지기수이다.

그러나 이상진 잠수사는 그것이 누군가에게는 부러운 일이라는 것을 안다. 꿈속에서라도 꼭 한번 만나고 싶은데 야속하게도 한 번도 찾아와 주지 않는 자식을 기다리는 유가족들이 있다는 사실을 알기에 그는 좀처럼 자신의 고통을 드러내지 않는다. 다만 살리지 못했다는 가슴 저린 안타까움이 시간이 갈수록 더욱 강하게 자신을 압박해 오면 혼잣말을 내뱉게 된다.

"살릴 수 있었다."

정체성을 확인해 준 잠수

김해가 고향인 이상진 잠수사는 어릴 적부터 물과 친했다. 친구들과 어울려 계곡 사이에 흐르는 물에 몸을 담그며 놀기를 좋아했다. 잠수를 처음 접한 것은 입대를 앞두고 평소 친하게 따르던 아는 형님들과 서해안에 놀러 갔을 때였다. 풍광이 아름답기로 유명한 격포 앞바다에서 처음으로 다이빙을 했다. 바닷속을 유유히 유영하면서 지상에서는 볼 수 없었던 또 다른 세계가 있다는 것을 알고 막연하게나마 어쩌면 잠수를 평생의 업으로 삼게 될지도 모른다는 예감이 들었다. 군 입대 후 자대 배치를 받은 포항에서 그의 잠수 실력이 진가를 톡톡히 발휘했다. 장비도 없이 맨몸으로 바다 밑을 훑어 커다란 대물 조개를 한 아름 캐온 것이다. 환호하는 동료들의 응원에 힘입어 그 후 선임들과 동료들에게 수시로 최고의 해물 요리 회식을 시켜줬다. 덕분에 그는 군대 생활도 편안히 할 수 있었다. 군 제대 후 청년 이상진의 진로는 자연스럽게 직업 잠수사로 정해졌다. 그 후 정식 자격을 갖춘 산업 잠수사로 일하면서 산업 현장에 일이 없을 때는 키조개 등을 채취하며 늘 바다와 함께하는 삶을 살았다.

익사한 사람을 처음 수습한 것은 잠수사로서 일을 시작한 지 얼마 안 되던 총각 시절이었다. 당시에는 강이나 호수에 스스로 몸을 던져 죽음을 선택한 이들을 인양해 달라는 요청이 많았다. 처음에는 익사자 수습을 단순히 일로만 생각했었다. 유가족의 요청에 따라 시신을 인양하고 그에 대한 수고비를 받으면 그만이었다. 젊을 때여서 그런지 한 사람의 생명에 대해 그리 진지하게 생각하지 못했다. 그러던 중 저수지에서 물놀이를 하다가 빠져 사망한 두 어린이를 수습해 달라는 요청을 받았다. 현장으로 달려가 예상 위치에 부표를 던져놓고 입수를 하였다. 그런데 한 시간 이상을 찾았는데도 보이지 않았다. 마침 일몰 전이라 시야가 좋은 편이 아니어서인지 마치 어디론가 감쪽같이 숨어버린 것처럼 찾을 수가 없었다. 지상과 수중을 두 번 세 번 왕복하며 수색을 했지만 소용이 없었다. 수색을 반복하는 동안 유가족들이 무당을 불러왔다. 무당은 빈손으로 올라온 이상진 잠수사에게 대뜸 "당신 눈엔 안 보여!"라고 말했다. 그가 황당한 표정으로 무당을 바라보자 무당은 저수지 한 군데 위치를 찍어주며 "아이들은 쫓지 말고 달래서 데려와야 해."라는 것이었다. 이상진 잠수사는 반신반의하면서 무당이 알려준 위치로 입수하였다. 잠시 후 눈이 환해지는 느낌이 들면서 맞은편으로 무언가가 보였다. 가까이 가보니 대여섯 살쯤 되어 보이는 어린 남매가 서로 끌어안고 있는 모습이 보였다. 그런데 아이들 표정이 마치 아기천사처럼 평온하고 천진난만하게 보였다. "이제 집에 가야지." 그는 자신도 모르게 두 아이에게 말을 걸며 손을 잡아 이끌었다. 그러자 두 아이가 그의 품에 안겨왔다. 그때의 경험은 이상진 잠수사에게 하나의 충격이었다. 그리고 그동안 생각하지 못했던 생명에 대한 소중함을 깨닫게 되었다. 주검을 수습하는 일은 단순히 물속에 잠긴 시신을 꺼내 올리는 것이 아니라 한 생명의 마지막 여정을 배웅해 주는 일이라는 것을. 생명의 소중함을 아는 잠수사여야 진정한 잠수사가 될 수 있다는 사실을. 그때의 경험 이후 이상진 잠수사는 막연하게나마 자신의 직업에 대한 소명 의식을 갖게 되었다.

이상진: 주홍글씨

자신이 좋아하는 일을 직업으로 갖는다는 것은 참으로 멋진 일이다. 거기에다 소명 의식까지 더해진다면 가장 이상적이지 않을까? 잠수사는 수입도 좋은 편이었다. 겨울철이나 기상이 좋지 않은 태풍 발생기 등 비수기가 많은 편이지만, 일 년에 약 3~4개월만 열심히 일하면 웬만한 직장인들에 비해 경제적으로도 부족함이 없었다. 물론 위험한 작업에 투입되는 경우도 있었다. 그리스 에리트레아 현장에서 실비지(salvage, 해난구조) 작업을 할 때는 목숨의 위협을 느끼기도 했다. 침몰한 배를 절단하여 인양하는 작업이었는데 수중절단 발전기(DC) 타오징 기계를 이용하여 산소절단을 하는 도중 선내에 남아있던 가스가 폭발하는 바람에 함께 일하던 동료 몇몇이 사망하는 사고가 발생했다. 세월호 현장에서도 이와 유사한 사고가 있었다. 이상진 잠수사와 같은 팀은 아니었지만, 세월호 4층 선미 다인실 창문 절개 작업 시 가스 폭발로 목숨을 잃은 이민섭 잠수사도 그와 유사한 사고 때문에 변을 당한 것이었다.

수중 작업에는 늘 위험이 도사리고 있지만, 그에게 잠수는 자신의 존재를 확인시켜주는 '천직'이었다. 잠수는 자신과 가족의 생활을 가능하게 해주는 일이었으며, 다른 사람을 위해 도움을 줄 수 있는 일이기도 했다. 레저와 해양스포츠가 일반인들에게도 널리 확산되면서 많은 사람이 스스로 '잠수사'임을 자처하지만 정작 침몰한 선내에 진입하여 희생자를 수습할 수 있는 잠수사는 극소수에 지나지 않는다. 그 때문에 세월호 사고 소식을 접했을 때 이상진 잠수사는 자신과 같은 전문 산업잠수사들이 현장으로 가야 한다는 것을 본능적으로 직감했다. 그것은 전문 잠수사로서 가져야 하는 직업의식 또는 사회적 책임감과 같은 것이었다. 세월호참사 현장에서 마주친 희생자들의 모습을 통해 이상진 잠수사는 '잠수사'로서의 자신의 정체성을 새삼 깨달았다. 그해 봄과 여름, 계획에도 없던 세월호 현장을 떠나지 않고 끝끝내 지킬 수 있었던 것도 바로 그 때문이었다.

오해와 왜곡

세월호 현장을 찾아온 잠수사들은 많았다. 언론에 의하면 수백 명의 잠수사가 팽목항을 중심으로 모여들었고, 해군과 해경 소속의 잠수사들까지 합치면 500~600명은 된다고 했다. 하지만 실제 선체 내에 진입할 수 있는 잠수사는 극소수에 불과했다. 그렇기에 대통령이 현장을 방문한 자리에서 잠수사를 추가로 투입하라는 지시가 있은 후 해경에서는 부랴부랴 잠수사를 수소문했다. 그리고 5월 초순쯤 해경 측에서는 함께 작업할 수 있는 수준의 잠수사인지를 확인하기 위해 민간잠수사 한 사람을 면접에 동참시키겠다고 했다. 이상진 잠수사는 선배인 공우영 잠수사의 말을 듣고 면접관의 자격으로 팽목항에 임시로 설치된 천막에서 대기하면서 신규 잠수사들을 기다렸다. 그러나 정작 면접은 하지 못하고 돌아와야 했다. 언론에는 엄청난 수의 잠수사들이 모여 잠수 준비를 하고 있다고 보도했지만, 현장의 열악한 상황이 알려진 뒤여서 그런지 아침부터 오후까지 기다려도 면접을 보기 위해 찾아온 잠수사는 없었다. 신규 잠수사 면접을 허탕 치고 돌아온 다음 날 어디에 수소문을 했는지 해경 측에서 신규 잠수사 2명을 기존 팀에 합류시켰다. 그중 한 분이 첫 번째 잠수에서 유명을 달리한 이광욱 잠수사이다. 이광욱 잠수사는 잠수 경험은 많다고 했지만, 기존 팀과 손발을 맞춰본 적이 없는 분이었다. 아무리 경험이 많다고 해도 낯선 환경에서 콤비를 이뤄본 적인 없는 낯선 이와 작업하는 것은 위험한 일이었다. 꼭 인원 보강이 필요했다면 며칠 더 적응하는 과정을 거쳐야 했다고 본다. 하지만 대통령의 지시 사항 때문이었는지 해경에서는 즉시 현장 투입을 요구했고, 이광욱 잠수사는 첫 입수에서 생명을 잃고 만 것이다. 이상진 잠수사는 이광욱 잠수사의 입수 직전, 곁에서 그의 숨소리를 들었다. 마치 100m 달리기를 방금 하고 온 사람처럼 숨이 거칠었다. 그만큼 현장에 적응하지 못하고 긴장한 상태에서 무리한 입수를 한 것이다. 그 후 해경은 그 책임을 고스란히 공우영 잠수사에게 덮어씌웠다.

세월호참사와 같은 현장에서 구조 및 수습 작업을 하기 위해서는 평소 손발을 맞춰온 잠수사들이 팀워크를 이루어 작업을 해야 한다. 그러한 사정을 모르는 언론들은 주변에 대기하고 있는 인원이 많은데도 특정 업체 소속의 잠수사들이 현장의 접근을 막고 있다는 무책임한 보도를 해대었다. 그리고 해경은 현장의 진실을 그대로 보고하지 않고 언론과 상부 기관의 눈치를 보기만 했다. 이상진 잠수사는 언론에 의한 진실 왜곡과 갈팡질팡하기만 했던 해경의 행태를 생각할 때마다 허탈감과 분노가 치미는 것을 감출 수 없다. 사고 초창기 조류가 잠잠해지는 정조기가 되면 잠수 장비를 챙겨 든 사람들이 바지선으로 몰려왔다. 한눈에 봐도 선체에 진입할 수 있는 장비가 아니었다. 선체 내에서의 수습 작업은 그들이 가지고 온 커다란 공기통과 육중한 헬멧을 착용하고는 불가능한 작업이었다. 게다가 그들은 바지선 위에서 경험과 소양을 갖춘 잠수사라면 할 수 없는 행동을 하기도 했다. 입수 작업을 하고 있는 잠수사의 생명선이나 다름없는 공기호스를 발로 밟거나 수중 작업을 마치고 지친 몸으로 올라온 잠수사의 동선을 막는 경우도 있었다. 바지선에 들어온 기자들도 마찬가지였다. 도떼기시장 같았던 현장을 그나마 정리해 준 사람은 경찰이나 책임 있는 당국자가 아니라 희생자 가족들이었다. 특히 보다 못해 나선 유○○ 양의 삼촌인 유○○ 씨는 낯선 배가 바지선에 접안하는 것을 막고 현장을 어느 정도 통제해 주었다. 그제야 민간잠수사들이 안심하고 작업을 할 수 있었다. 처음엔 공무원이나 경찰 관계자인 줄 알았으나 나중에야 그가 희생된 학생의 가족이라는 것을 알게 되었다.

이상진 잠수사는 현장을 찾아온 다른 잠수사들을 비난하고 싶은 생각은 없다. 그분들도 희생자 수습 작업을 돕겠다는 마음으로 한달음에 달려온 것이니 감사할 따름이다. 그러나 현장에 대한 통제가 전혀 이루어지지 않다 보니 일부 사람 중에는 좁은 바지선에 올라와 인증사진을 찍고 가거나, 입수는 하지도 않으면서 구경만 하느라 이리저리 오가며 오히려 작업에 방해가 되는 이들도 있었다. 일부 언론에서는 사고 현장을 특정 업체 소속 잠수사들이 독점하고 있다며 목소리를 높이기도 했다. 산업잠수사는 특정 회사에 전속 직원으로 일하지 않는다는 것 정도는 전화 한 통만으로도 확인할 수 있는 사실인데도 말이다.

그러나 그보다 더 이상진 잠수사의 마음을 아프게 했던 것은 일부 희생자 가족들 사이에 잠수사들이 수중에서 희생자의 유품에 손을 댄다는 이야기가 돌았던 일이다. 졸지에 가족을 잃은 상황에서 누군가를 원망하고 싶고, 이성적인 판단을 하기 어려웠을 희생자 가족들의 마음을 이해하지 못하는 것은 아니다. 하지만 애타게 기다리는 가족을 찾아주기 위해 목숨을 걸고 바닷속으로 들어가는 잠수사들로서는 서운한 마음이 들 수밖에 없었다. 희생자 수습이 주춤해지면서 유가족들은 시신을 찾지 못하면 유품이라도 건져달라고 요청을 하였다. 그에 따라 잠수사들이 선내에 흩어져 있던 가방이나 신발 등을 건져 올렸다. 그 과정 중에 여성용 캐리어가 인양되어 지퍼가 터지면서 안에 있던 지갑이 밖으로 떨어진 적이 있었는데, 그 모습을 본 유가족 중 한 분이 흥분하여 말한 것이 와전되었던 것 같다. 그 바람에 모든 잠수사가 졸지에 희생자의 유품에 손대는 파렴치한으로 몰리는 수모를 겪기도 하였다. 그 일로 육지에서 경찰이 들어와 내사까지 하게 되는 상황이 되자 잠수사들은 현장을 박차고 떠나버리고 싶은 마음이 들기도 했다. 다행히 단원고 희생자 가족분들이 대신 사과를 하여 사태가 무마되었고 작업을 계속할 수 있었다.

잘라내고 싶은 기억

이상진 잠수사는 최초로 희생자를 수습한 4월 19일부터 해경에 의해 철수 통보를 받은 7월 10일까지 현장을 지켰다. 그리고 6년 가까운 세월이 흘렀다. 세월호 현장에서 보낸 약 3개월여의 시간, 그 시간이 현장을 떠난 6년의 세월을 지배하고 있다. 아마도 더 긴 시간이 흐른다고 해도 각인된 기억은 결코 희석되지 않을 것이다.

> "마음속으로도 울고 물속에서도 울고, 어린아이들이 틈 속에 끼어서 안 빠져서 물속에서 아이들을 달래면서 수습도 하고 '얘들아 올라가자. 여기 있는 것보다 위로 올라가는 것이 낫다. 올라가자.'"[2]

지금도 그는 세월호에 갇혀있던 어린 희생자들에게 했던 말들을 되뇐다. 꿈에서는 물론 혼자 있을 때면 변함없이 45m 바다 밑으로 내려가 세월호 선실로 들어간다. 이제 세월호 선체가 인양되었으니 진도 앞바다에 침몰한 배는 없지만, 이상진 잠수사는 하루에도 몇 번씩 탁

2_ MBC 다큐스페셜 「로그 북 세월호 잠수사들의 일기」(2018. 4. 23. 복진오 감독) 중에서

한 물속을 헤매고 다닌다.

"2014년 4월 19일 팽목항으로 들어갔다가 7월 10일에 나왔거
든요. 그 부분만 싹 지우든지 테이프처럼 잘라냈으면 좋겠어요."[3]

그 기억들을 영화의 필름처럼 잘라버릴 수만 있다면 얼마나 좋을
까? 골괴사의 고통과 정신적 트라우마는 이상진 잠수사의 일상적인
생활도 바꾸어 놓았다. 세월호 이전에는 사람들을 만나 술 한 잔 나누
며 이야기하기를 좋아했던 그였는데 지금은 일부러 사람들과 함께하
는 자리를 피한다. 세월호 이야기가 나오는 것이 싫기 때문이다. 세월
호는 늘 그의 머릿속에 있지만, 진실을 모르는 사람들이 왜곡된 이야
기를 하는 것을 참을 수가 없다. 그 때문에 사소한 논쟁이 큰 싸움이
된 적도 있다.

다시 산업 현장으로 돌아가 일에만 몰두할 수 있으면 좋으련만 세월

3_ MBC 다큐스페셜 「로그 북 세월호 잠수사들의 일기」(2018. 4. 23. 복진오 감독) 중에서 정
신과 전문의 정혜신 박사와의 상담 중 이상진 잠수사의 말

호 잠수사라는 꼬리표 때문에 그조차 기회가 주어지지 않는다.

그에게 위안이 되는 것은 세월호 피해자를 지원하고 있는 온마음센터에 방문하는 일이다. 그곳에서는 편안한 상태에서 상담을 받을 수도 있고, 약물치료도 받을 수 있기 때문이다. 또 하나 즐거운 일을 찾는다면 수습 현장에서 함께 고생했던 동료를 만나는 일이다.

> "우리끼리 있을 때는 너무 편안하죠. 농담도 하고…. 그런데 집
> 으로 돌아가면 다시 당시의 기억과 분노가 올라와요."

몸과 마음에 각인된 기억을 필름을 잘라내듯 지워버릴 수는 없다는 것을 안다. 다만 그 기억이 두고두고 한과 분노로 남지 않도록 하기 위해서 이상진 잠수사는 현재와 미래를 좀 더 나은 기억으로 채우고자 한다. 즉 잘라낼 수는 없지만, 더 채울 수는 있지 않을까? 그러기 위해 그동안 왜곡된 진실을 바로잡고 무책임으로 일관해 온 정부로부터 책임 있는 조치를 얻어내야 한다.

그의 정체성은 지금도 변함없이 민간 산업잠수사이다. 앞으로도 그럴 것이다. 진실이 밝혀지고 명예가 회복된 후에는 시골로 내려가 농사를 지으며 틈틈이 바다를 찾는 삶을 살고 싶다. 이상진 잠수사는 소박한 그 꿈을 이루기 위해 동료들과 함께 한 걸음 한 걸음 목표를 향해 나아가고 있다.

나는 아빠이므로

백 인 탁

세월호 침몰 당일에 현장으로 달려가 다음 날인 4월 17일부터 7월 10일까지 희생자 수습 작업에 참여하였다. 대학 시절 동아리 활동으로 레저잠수와 인연을 맺은 그는 25년 이상의 잠수 경력을 가진 민간 산업잠수사로 활동하고 있다. 세월호 희생자 수습 활동 이후 얻은 잠수병과 정신적 트라우마를 극복하고 현재 선박엔진 회사 대표로서 자신의 전문 분야를 개척해 나가고 있다.

사업가를 꿈꾸던 바다 사나이

'부산 토박이, 바다 사나이'

바다를 빼고는 백인탁 잠수사의 삶을 이야기할 수 없을 것이다. 1975년 바다의 도시 부산에서 태어나고, 그곳에서 자란 그에게 바다는 놀이터였으며, 삶의 다양한 모습을 배우는 교육장이었다. 그리고 성인이 되면서 바다는 그의 삶의 터전이자 무한한 가능성의 원천이 되었다.

94년 부산수산대(현 부경대)에 입학하여 해양학을 전공한 그는 잠수에 대해 더 심도 있게 공부하고자 한국해양대학교 잠수기술대학원에 진학하였다. 그렇게 잠수에 대해 실전뿐만 아니라 이론까지 고루 겸비한 그는 바다와 선박에 관한 한 누구나 인정하는 전문가로 통한다.

선박 엔진은 물론 스크류, 샤우드 장치와 수중 유압 장비 등을 제작하고 다루는 일을 포함하여 산업잠수사로서 직접 현장에서 수중 작업을 수행하는 일까지, 말하자면 만물박사라고 불러도 좋을 정도이다.

하지만 백인탁 잠수사 자신은 그런 말을 들을 때마다 손을 내젓곤 한다. 그저 자신은 호기심이 많아서 여러 분야에 발을 담그고 있을 뿐 어느 특정 분야에 전문가라고는 할 수 없다고 겸손하게 자신을 소개한다.

그가 잠수와 첫 인연을 맺은 것은 대학 시절 취미로 가입한 스쿠버 동아리에서였다. 당시엔 산업잠수가 아닌 레저 파트로 시작하였고 그 후에도 잠수를 직업으로 삼을 생각은 없었다. 오히려 전공인 선박 기계 쪽에 더 관심이 많았다. 그런데 타고난 호기심과 적극적인 성격 덕분인지 레저로 시작한 잠수가 어느새 사업 분야로 진출할 만큼 전문적인 수준에 이르러 있었다. 관련 분야를 자주 접하다 보니 산업잠수에 대한 매력 또한 느끼기 시작했다. 산업잠수사는 고수입을 올릴 수 있고, 시간 활용 면에서도 장점이 있었다. 대학 시절부터 취미로 즐겨온 다이빙이니 그 자체로도 매력이 있는 직업이라는 생각이 들었다. 그의 전공인 선박 장비 분야의 일과 병행할 수 있다는 점도 좋았다.

백인탁 잠수사가 본격적으로 산업잠수를 시작한 것은 약 15년 전부터이다. 산업잠수만 전문적으로 해온 베테랑 선배 잠수사에 비하면 경력이 많은 편은 아니었지만 이미 대학 시절부터 잠수를 해왔고 선박이나 해양 관련 업무를 해온 경력이 있어서 산업잠수 분야에서도 전문가로 인정받을 수 있었다.

약 10여 년 전 그는 그동안의 경험과 인적 네트워크를 기반으로 선박 엔진회사를 창업하고 선박에 필요한 장비들을 제작하여 조선회사에 납품하는 등 지금까지 역동적으로 사업을 이어나가고 있다.

그러던 중 세월호 사고가 터졌다.

지킬 수 없었던 아내와의 약속

　세월호 침몰 소식이 전해지던 당시 백인탁 잠수사는 수중공사를 수주하여 진행하고 있던 때라 몹시 바쁜 일정을 보내고 있었다. 회사에 출근하여 업무를 보던 중 직원들로부터 사고 발생 소식을 듣고, 일을 멈추고 급히 TV를 켰다. 앵커는 다급한 목소리로 세월호에 타고 있는 승객 대부분이 고등학교 2학년 학생이라고 전했다. 문득 몇 해 전 자신이 잠수 및 다이빙 강사로 해양고등학교 학생들을 지도했던 때가 생각났다. 해맑은 얼굴로 자신의 강의를 경청하던 어린 학생들의 얼굴이 떠올랐다. 그리고 당시 세월호에 타고 있던 학생들과 같은 나이의 고등학교 2학년인 조카의 얼굴도 떠올랐다. 다행히 잠시 후 TV 화면에 '전원 구조'라는 자막이 떴다. 백인탁 잠수사는 안도의 한숨을 쉬었다. 그리고 다시 현장으로 나가 업무를 보았다. 그러나 그 안도의 한숨이 불과 몇 시간 후 긴박하고 다급한 숨소리로 바뀌게 될 줄이야. 전원 구조라는 보도가 오보라는 사실이 알려지면서 백인탁 잠수사는 초조해지

전원 구조를 보도하는 언론 영상

침몰 중인 세월호

며 안절부절못하는 자신의 마음을 스스로 어찌할 수가 없었다. 당장 배 안으로 들어가 아이들을 구할 수 있는 사람이 있어야 하는데….

TV 뉴스는 팽목항 주변으로 구조 인력이 집결하고 있다는 앵커의 목소리와 함께 팽목항 주변의 모습을 화면으로 전하고 있었다. 그런데 화면에 비친 구조 인력이라는 사람들의 면면과 장비들을 보니 절망스러운 한숨이 나왔다. 많은 사람이 몰려들어 우왕좌왕하는 가운데 드문드문 눈에 띄는 스쿠버 장비를 착용한 사람들을 보니 대부분 작은 산소탱크를 짊어지고 있었다. 저 정도로는 침몰한 선체 안으로 들어가 사람들을 구해내기는 역부족일 것이다. 그 시간 좌현으로 기울어져 있던 세월호는 이미 뒤집힌 상태로 부유하고 있었다. 배가 완전히 침몰해 버리는 것은 시간문제였다.

다음 날 새벽 이상진 잠수사로부터 전화가 걸려왔다. 그는 흥분한 목소리로 세월호에서 기름이 유출되고 있어 급히 기름을 빼야 하는데 함께 갈 수 있느냐 물었다. 기름보다 더 급한 게 생명을 살리는 일이 아닐까 하는 의문이 들었지만 급한 상황이었기에 자세한 내용을 더 이상 되묻지 못하고 현장으로 가겠다고 대답했다. 즉시 장비를 챙겨 현장으로 향했다. 걱정하는 아내에게는 약 일주일 정도만 도와주고 오겠다고 말해두었다.

팽목항에 도착하여 이상진 잠수사와 김순종 잠수사를 만나 합류하였다. 한시가 급한 상황인데 곧바로 현장으로 들어갈 수는 없었다. 팽목항과 현장을 연결해주는 해경 경비정이 준비가 되지 않았고 통신 장비와 잠수 장비를 설치할 바지선도 준비가 되어있지 않다는 것이었다. 뉴스에서 말하는 내용과 현장의 상황은 너무도 달랐다. 결국, 다음날 서망항으로 장소를 옮겨 해경 경비정을 탈 수 있었다. 세월호 침몰 현장을 향해 달려가는 배 안에서 백인탁 잠수사는 다시 해맑은 표정의 아이들, 그리고 조카 녀석의 얼굴이 떠올랐다. 어서 가서 그 아이들을 구해내야 한다. 그때까지만 해도 일주일 후면 집으로 돌아갈 것이라는 아내와의 약속을 어기게 될 줄은 몰랐다.

아무런 준비와 체계가 없는 현장

세월호 침몰 현장은 재난 영화에 나오는 한 장면을 보는 듯했다. 하늘에는 헬리콥터가 요란한 소리를 내며 날아다니고 있었고, 해군 함정에서는 쉬지 않고 조명탄을 쏘아 사방을 대낮처럼 밝히고 있었다. 하지만 정작 긴급하고 분주해야 할 세월호 주변에 대한 조치는 아무것도 없었다.

그가 현장에 도착했을 때 해경 인력의 모습이 보이기는 했다. 그러나 인원은 많았지만 잠수 장비를 갖춘 사람은 몇 명 되지 않았다. 바다를 내려다보니 몇몇 해경 잠수요원들이 공기통을 매고 고무단정에 의지하여 잠수를 하고 있었다. 맹골수도의 물살이 워낙 거세기는 하지만 그저 얼굴을 내놓은 채로 몸을 물에 담그고 있을 뿐 세월호에 접근하여 구조를 시도하려는 요원은 없었다. 그것은 구조와 수색을 위한 잠수가 아니라 잠수하고 있다는 것을 보여주기 위한 것이었다. 아직 배가 완전히 침몰하기도 전인데 해경에서는 이미 인명 구조는 포기한 것 같았다.

훗날 백인탁 잠수사는 당시 자신이 목격한 상황을 한 언론과의 인터뷰에서 이렇게 밝혔다.

"상상을 초월하거든요. (비유하자면) 자기는 뒷산인 줄 알고 올라갔는데 막상 가보니 에베레스트인 거예요. 막 사람들이 얼어 죽을(정도로). 물이 너무 빠르고 시야가 아예 안 나오니까. 겁나는 거죠. 그러니까 눈을 감고 다이빙한다고 보시면 돼요."[1]

"구조 작업을 진두지휘하는 분들이 잠수에 대해서 너무 몰랐다. 그래서 처음부터 뒤죽박죽이었다. 세월호 침몰 해역은 등산으로 치면 에베레스트 급이다. 그냥 잠수할 수 있는 장소가 아니다. 잠수 전문가가 지휘해야 한다."[2]

1_ JTBC 스포트라이트 「28회 세월호 잠수사의 600일」 중에서
2_ 국제신문 「구조 작업 참여한 민간잠수사 백인탁 씨의 못다 한 이야기」 2015. 4. 15. 장호정 기자

이해할 수는 있었다. 맹골수도의 조류는 몸을 물속에 넣으면 순식간에 수평으로 눕게 만들 정도로 거셌다. 공기통을 메고 무작정 바다로 들어간다고 가능한 일이 아니었다. 철저한 사전 잠수 계획을 세우고 조류가 약해지는 물때에 맞춰 체계적으로 잠수를 해야 희박하나마 생존자를 구조할 가능성이 있는 것이다. 해경 잠수요원은 물론 해경 지휘관조차 어디를 어떻게 들어가야 할지 알지 못하고 있었다. 아마도 상부에서는 현장의 상황도 모른 채 잠수요원을 투입하라는 명령만을 내리고, 현장에서는 어떻게 해야 할지 모르는 상태로 그저 보여주기식 시늉만 내었던 것이 아닐까? 해경의 현장 지휘부에서는 당연히 있어야 할 세월호 도면조차 가지고 있지 않았다. 이런 상황에서 도대체 잠수요원이 어디로 가서 무엇을 해야 한단 말인가? 결국, 민간잠수사들이 들어오고 나서야 세월호 도면이 전달되었다. 도면을 정리하여 잠수사가 들어갈 위치를 정하는 것도 민간잠수사가 나서서 해야 했다.

> "그 일분일초가 중요한데, 모르고 들어가서 우리가 도면 정리를
> 하고 있는 거죠. 그런 것도 이해가 잘 안 돼요. 그게(세월호 도면)
> 왜 늦게 왔는지…. 국가 기밀이라도 가져와야지."[3]

참사 초기 잠수사들의 수색이 이루어지는 현장은 기본적인 물품 보급조차 이루어지지 않았다. 초기 며칠 동안은 먹을 것이 없어 컵라면으로 간신히 끼니를 때우며 체력 소모가 많은 수중 작업을 이어나갔다. 심지어는 잠수사들을 위해 육지에서 가져온 물품이 사라져 버리는 경우도 있었다. 잠수사들에 대한 배려는 전혀 없었다. 그들의 편의를 위해서가 아니다. 위험한 수중 작업을 위해서는 어느 정도 기본

3_ 같은 영상

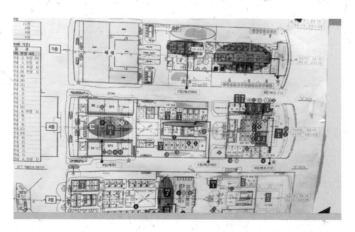

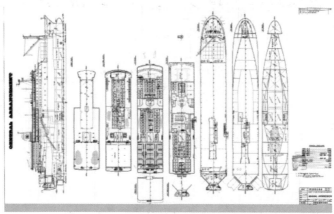

세월호 도면과 영상 이미지

적인 장비나 체력을 보충하기 위한 식사, 휴식을 취할 수 있는 시설은 제공되어야 하는 것이기 때문이다.

처음 6명의 인원이 교대로 작업을 할 때는 안전 수칙과는 무관하게 수중 작업을 강행하였다. 안전 매뉴얼에서는 수심 48m의 심해는 하루 1회로 잠수를 제한하고 있지만, 당시 현장에서는 하루 4~5회씩 잠수한 적도 있었다. 게다가 감압을 할 수 있는 챔버가 갖추어지지 않아서 잠수 후 수면으로 급상승하고도 지상에서조차 감압을 위한 시설이 없었다. 동료들과 교대로 한두 번은 해군 함정인 3009함까지 가서 챔버 안에 들어가 치료를 하기도 했지만 적은 인원으로 순서에 따라 잠수를 하다 보면 그것도 불가능했다. 그 정도로 열악한 상황에서 잠수사들은 지쳐갈 수밖에 없었고, 무리한 작업이 누적되면서 몸에도 잠수병의 조짐이 나타나기 시작했다.

잠시 눈을 붙일 장소도 마땅치 않았다. 바지선이 설치되기 전에는 해군 3009함 회의실에서 쪽잠을 자다가 해군의 합동 회의로 쫓겨나다시피 한 적도 있었다. 금호 바지선이 들어오면서 사정이 조금 나아지기는 했지만, 공간이 너무 좁아서 선원들의 숙소에서 쪽잠을 자야 했다. 그나마 언딘 리베로 바지선이 설치된 후에서야 챔버를 이용할 수 있었다. 감압 없이 무리하게 작업을 감행하다가 故 김관홍 잠수사는 챔버에 들어가 졸도하기도 했다. 긴급히 출동한 의사에 따르면 김관홍 잠수사가 졸도하면서 일시적으로 사망 상태에 이르기도 했다고 한다.

백인탁 잠수사가 기억하기에 그나마 현장이 안정을 찾은 것은 공우영 형님과 황병주 선배 등 민간잠수사들이 합류하고 또한 언딘 리베로 바지선이 접안을 한 이후였다.

그런 열악하고 위험한 상황이었음에도 백인탁 잠수사를 비롯한 동료들은 세월호 선체 수색 작업은 계속되어야 한다고 생각했다. 살기

95

위해 발버둥 치다 멈춰버린 희생자들이 그들을 기다리고 있었기 때문이다. 자신들의 건강이나 목숨을 건 위험은 뒷전으로 생각했다.

"잠수병에 대한 걱정 같은 것은 고려의 대상이 아니었어요. 유가족만큼은 아니더라도 마음이 아프죠…. 아이들이 서로 엉켜있는데…. 살려고 자기들끼리 엉켜있어요. 구석에 아이들이 다 엉켜있는 거예요. 자기들끼리 같이 살려고."4

뼛속 진액을 짜는 듯한 울음

백인탁 잠수사가 처음으로 수습한 희생자는 단원고 여학생이었다. 도면에서 4층 객실 위치를 확인하고 선내에 진입하여 격실 문을 통과했을 때였다. 희미한 시야 속으로 바닥에 학생들의 여행용 가방과 집기들이 어지럽게 뒤섞여있는 게 보였다. 가방들 사이로 손을 넣어 더듬거리니 침대 난간이 만져졌다. 몸을 숙여 아래쪽 침대가 있는 공간으로 어깨를 쭉 밀어넣고 다시 손을 뻗어보았다. 바닥에 가라앉아있던 부유물들이 떠올라 시야는 더욱 캄캄해져 아무것도 보이지 않았다. 그런데 손끝으로 미세한 느낌이 전해졌다. 사람이었다. 머리카락, 팔, 머리가 만져졌다. 그 아이는 침대 밑에 몸을 웅크리고 얌전하게 죽음을 맞이하고 있었다. 죽음의 공포로 두려움에 떨며 침대에 웅크리고 있었으리라.

주변에 있던 장애물들을 제거하고 조심스럽게 아이의 어깨를 안았다. 그 아이를 데리고 나오려는데 몸의 자세가 이상했다. 힘을 주었지

4_ MBC 다큐스페셜 「로그 북 세월호 잠수사들의 일기」(2018. 4. 23. 복진오 감독) 중에서

만 몸이 딸려 올라오지 않았다. 자세히 보니 다른 한 명의 아이와 다리가 엉켜있었던 것이다. 간신히 다리를 풀고 아이를 데리고 나왔다. 다시 잠수하여 나머지 아이를 안아서 데리고 나오는데 또 아까와 같은 느낌이 왔다. 확인해 보니 또 한 명의 아이가 팔로 감싸 안은 채 엉켜 있었다. 같은 장소에서 세 아이를 찾아 가족의 품으로 보낸 그날 밤, 그는 잠을 이룰 수가 없었다.

백인탁 잠수사도 어린 자식을 둔 아빠였기 때문이었을까? 이후로도 자신이 수습한 학생들의 주검에 하나같이 가슴이 저려왔다. 모든 죽음이 안타깝긴 하지만 희생당한 단원고 아이들의 모습이 왜 그리 하나같이 눈물을 자아낼 정도로 애잔하던지….

"요만한 창이 있어요. 거기에 아기가 걸린 걸 만졌었거든요. 팔하고 요만큼만 몸이. 아이니까 위로 올리고 유리창을 깨든지 유리창은 깨졌을 것이고 애를 탈출시켰겠죠. 그런데 걸린 거죠. 한쪽 팔하고 머리만 딱 나와 있더라고요. 제가 더듬으니까… 아! 오늘은 안 울 줄 알았는데 안 되네요."[5]

밖으로 통하는 창문에 끼어있던 어린 아기를 발견했을 때를 설명하며 백인탁 잠수사는 끝까지 말을 잊지 못하고 눈물을 터뜨렸다. 유리창을 깨서 아기를 먼저 탈출시키려 안간힘을 썼을 부모의 심정이 어땠을지 너무도 절실하게 느껴졌다. 희생당한 그 아이는 당시 4살이던 백인탁 잠수사의 딸과 비슷한 체격이었다.

그를 울리고야 마는 희생자가 또 있다.

5_ 같은 영상 중에서

"한번은 학생이 같이 떴는데 한 아이씩 동시에 뜨는 거예요. 여자아이였어요. 서로 손을 잡고 있더라고요. 손을 잡고 굳은 채로 함께 발견됐어요. 데리고 나오는 저도 그렇고 상황을 듣고 있던 배 위에서도 다 한숨을 쉬었어요. 그때 희생자가 50구 정도 나왔을 때쯤이었을 거예요. 제 생각에는. 정말 다 같이 눈물이 나더라고요. 당시 아이들의 상황이 느껴지는 거예요. 제 생각에 아이들이 '구조는 안 될 것 같다. 같이 가자.'라며 손을 잡고 있었던 것 아닐까. 그런 생각하면 너무 슬퍼요."6

죽음의 참상을 목도할 때마다 그의 마음은 저며지는 것처럼 아팠다. 그럼에도 그는 큰 소리로 울 수는 없었다. 그 현장에서 소리 내어 울 수 있는 사람은 오직 유가족뿐이었다. 그 누구도 말하지 않았지만 적어도 그 울음만큼은 유가족의 몫으로 남겨주어야 한다는 사실을 모두가 알고 있었다.

"유가족들도 배에 상주하고 있었는데 우리가 아이들을 데리고 나

6_ MBC 다큐스페셜 「로그 북 세월호 잠수사들의 일기」(2018. 4. 23. 복진오 감독) 중에서

오면 부모님들이 바로 자신의 아이인지 알아보세요. 자식을 알아
보고 우는 부모의 울음소리는 이성을 가지고 있는 사람의 울음소
리가 아니에요. 울부짖는 울음을 토해내세요. 정말 슬퍼요."[7]

그는 자신의 현장 일기인 로그 북에 오열하는 유가족의 슬픔을 공
감하여 다음과 같은 글을 적어 기록으로 남겨두었다.

"수면 위 잠수사의 공기 방울 사이로 시신이 올라온다.
바지선 위에 유가족의 시선이 모인다.
얼굴이 많이 변했다. 머리도 빠지고….
몸 전체가 수면 위로 나오니
한 유가족의 울음이 터져 나온다.
글로는 표현할 수 없는 슬픔의 울음소리다.
바지선 위의 모든 사람이 넋을 놓고 보고 있다.
상갓집에서 들어본 울음소리와는 다르다.
뼛속 진액을 짜는 듯한 마지막 남은 힘으로 우는
지칠 대로 지친 울음
울고 있는 유가족에게
옆에 분이 다독이며 축하한다고 한다.
죽은 가족을 찾았는데 축하한다고?
이 상황에서 이런 말을 할 수 있는 사람은
세월호 안에 있을 가족을 찾지 못한 유가족뿐이다.

2014. 5. 15. 로그 북[8]

7_ 같은 영상 중에서
8_ 같은 영상 중에서

눈물이 많은 부산 사나이

2014년 7월 10일 백인탁 잠수사는 동료들과 똑같이 해경으로부터 퇴거 통보를 받고 세월호 현장에서 자의가 아닌 타의로 나와야 했다. 세월호에 탔던 희생자 중 거의 90%는 수습이 되었지만, 아직 배 안에는 가족의 품으로 돌아가지 못한 이들이 남아있었다.

백인탁 잠수사는 짐을 싸서 세월호 현장을 떠나야 했던 당시의 심정을 자신의 로그 북에 남겼다.

대단원의 막이 내렸다.
영웅이 되었다가
역적이 되었다가

오해는 풀지 말라고 했다.
새옹지마다.

2014. 7. 11. 로그 북

세월호 현장을 떠난 후 백인탁 잠수사는 부쩍 눈물이 많아졌다. 간혹 인터뷰를 하다가도 울음을 터뜨리고 혼자서 멍하니 앉아있다가도 주르륵 굵은 물줄기가 뺨을 타고 흘러내린다. 모든 일에 긍정적이고 자신감 넘치던 바다를 사랑하는 부산 사나이 백인탁. 그의 눈물은 바닷물처럼 진하다.

함께 고생했던 동료 잠수사들이 고통을 겪고 있는 것을 보면 수시로 울컥 슬픔과 분노를 느낀다. 그 때문에 백인탁 잠수사는 억지로라도 일에 몰입하려 한다. 현재 함께 일하며 생활하는 사람들과 농담도 주고받으며 가급적 즐겁게 생활하려고 애쓰고 있다. 10여 년 전 창업한 회사 '부경선박엔진'이 지금도 바쁘게 돌아가고 있어서 일에 몰두하며 슬픔과 분노를 조금이나마 잊을 수 있는 것이 참 다행스러운 일이다.

세월호참사 사고 당시 4살이었던 딸아이와 갓 백일을 지나고 있던 아이들이 이제 어느덧 아빠가 우울할 때면 위로의 말을 건넬 정도로 의젓하게 컸다. 백인탁 잠수사는 그 모두가 아내 덕분이라고 여기며 감사하고 있다. 해경 공무원으로 안정된 직업을 가지고 있던 아내는 둘째 아이를 출산하고 퇴사를 했다. 그리고 얼마 후 세월호 사고가 터졌는데 구조와 사고 수습의 책임을 맡았던 해경의 대응을 보면서 자신도 해경 조직에 몸담았던 사람으로서 책임감과 부끄러움을 느낀다고 말하곤 했다. 책임을 통감하고 부끄러움을 느껴야 할 사람들은 따로 있는데 말이다. '만일 아내가 든든하게 가정을 지켜주지 않았다면 나는 지금 어떤 모습이 되었을까?' 그런 생각을 하며 아내에 대한 고마움을 더욱 절실히 느끼는 백인탁 잠수사는 이제는 더 이상 눈물을 흘리는 일이 없는 날이 오기를 바라고 있다.

그 날이 올 때까지 동료들 그 누구도 더 이상의 희생과 상처 없이 건강하게, 그리고 마음의 고통과 트라우마를 극복하며 살아나갈 수 있기를 원한다.

트라우마를 치유해 준 한마디

전광근

20년 경력의 베테랑 민간 산업잠수사이다. 해군 해난구조대(SSU) 출신으로 천안함 사고 때도 수중 수색작업에 참여한 바 있다. 세월호 사고 다음 날 현장에 가장 먼저 도착했던 그는 해경의 사고 대처 모습을 곁에서 직접 목격하였다. 당시 목격한 사실과 수색 작업을 하며 겪었던 일들을 세월호 특조위 청문회와 영화 『부재의 기억』에서 증언하기도 했다.

청문회

'4·16 세월호참사 특별조사 위원회'(특조위)가 주재한 '제1차 청문회'가 2015년 12월 14일~16일 서울 명동 YWCA회관 강당에서 열렸다. 전광근 잠수사는 청문회 마지막 날인 16일 김관홍 잠수사와 함께 참고인석에 앉았다. 당시의 상황을 묻는 청문위원들의 질문에 있는 그대로 대답을 한 후 그는 그 자리에 있는 모든 사람을 향해 다음과 같이 말했다.

"아직까지 세월호에서 못 올라온 아홉 구의 실종자들을 아직도 가슴에 묻어두고 있습니다. 마지막까지 다 수습하고 온다고 약속을 했는데…, 유가족분들이 그 당시 저희한테 마지막 희망이라고 까지 했습니다.

저희가 그만큼 열심히 해드렸고 많은 유가족들한테 미안하다고 또 친구들한테 끝까지 다 못 해줘서 미안하고….

추후에 또 이런 사고가 있을 때 저희는 또 필요하면 저희가 또 언제든지 달려갈 겁니다. 저희가 할 수 있는 일은 해드리고 나서 욕을 먹든 칭찬을 받든 그거는 그때 가서도 결정은 똑같이 할 것 같습니다."

발언을 하는 중간중간 눈물을 참느라 전광근 잠수사의 목소리가 조금씩 떨렸다. 그러나 청문회장에 모인 사람들이 다 알아들을 수 있도록 또박또박 정확한 발음으로 발언을 마칠 수 있었다. 그가 말하는 동안 유가족들이 앉아있는 뒤쪽에서 간혹 훌쩍이는 소리가 들려왔을 뿐 청문회 장내 분위기는 숙연했다.

그의 말은 모두가 진심이었다. 필요하면 언제든지 달려갈 것이라는 말도, 끝까지 못 해줘서 미안하다는 말도 마음속 깊은 곳에서 우러나오는 말이었다. 생업도 던져두고 위험한 현장에서 목숨을 걸고 희생자들을 수습하고도 그는 유가족들에게 미안했다.

사흘 동안 이어진 청문회에서 해경 고위급 간부를 비롯하여 많은 증인 또는 참고인들이 출석하여 발언을 했다. 그러나 그들 대부분은 기억이 나지 않는다며 책임을 발뺌하는 데 급급했다. 사고 수습의 책임을 져야 하는 그들 중 희생자와 유가족, 실종자 가족에게 사과를 한 사람은 아무도 없었다. 유가족을 향해 진정 어린 사과의 말을 한 사람은 전광근 잠수사가 유일했다.

전광근 잠수사의 발언에 이어, 옆자리에 앉아 있던 김관홍 잠수사가 입을 열었다. 관홍이 형은 마음이 여려 말하는 도중 눈물을 쏟을지도

전광근: 트라우마를 치유해 준 한마디

세월호참사 특위 청문회 (사진 출처: 경향신문)

모르는 일이었다.

"저는 잠수사이기 전에 국민입니다. 국민이기 때문에 내려가 보고 제 직업이, 제가 가진 기술이 그 현장의 일을 할 수 있는 상황이어서 간 것뿐이지 애국자나 영웅은 아니에요.

저희가 왜 마지막에…, 저희는 포기하지 않았습니다. 그 당시 11구가 남아있을 당시에 왜 나와야 했는지, 왜 저희가 그런 식으로 쫓겨나야 했는지, 우리는 포기 못 했는데 왜 저희가 나가야만 했는지 전 그걸 묻고 싶고요.

가족분들한테…, 저희는 좀 한 구라도 더 빨리 찾아드리려고 했을 뿐이고.

고위공무원들한테 묻겠습니다. 저희는 그 당시 생각이 다 나요. 잊을 수 없고 뼈에 사무치는데… 사회 지도층이신 고위공무원께서는 왜 모르고, 왜 기억이 안 나는지…. 저보다 훌륭하신 분들이 그 자리에 계시는데… 진실은 다를 수 있지만, 상황은 정확히 얘기를 해야죠, 상황은. 욕을 먹더라도."

중간중간 울먹이며 발언을 이어가던 관홍이 형이 발언을 마치자 참고인석 바로 뒤편에서 노란색 점퍼를 입고 청문회를 지켜보던 유가족들이 울음과 박수를 동시에 터뜨렸다. 그 소리를 들으며 전광근 잠수사는 청문회에 나오길 잘했다는 생각이 들었다. 관홍이 형과 자신의 말이 조금이나마 유가족분들을 위로하는 역할을 했다고 생각했다. 그는 세월호 희생자 유가족을 뵐 때마다 죄책감이 들곤 했다. 마지막 한 사람까지 찾아 가족 품에 돌려보내 드리지 못한 것이 늘 마음에 걸렸다. 그것은 전광근 잠수사뿐 아니라 세월호참사 현장에 참여했던 모든 민간잠수사들의 공통된 감정이었다.

응답 없는 외침: 긴급비상 소집령을 내려야 한다

전광근 잠수사는 세월호 현장에 가장 먼저 달려간 민간인 잠수사였다.

세월호 사고 관련 뉴스를 처음 접한 것은 당일 오전, 울산 수중공사 현장에서였다. 스마트폰을 통해 전해지는 소식에 따르면 진도 앞바다에서 여객선이 침몰했는데 다행히 단원고 학생을 비롯한 400여 명의 승객 전원이 구조되었다고 한다. 마음을 졸이며 액정 화면을 지켜보던 전광근 잠수사는 정말 다행이라고 생각했다. '우리나라의 재해 대책 시스템이 많이 발전했구나.' 하고 생각했다.

그런데 오후가 되면서 '전원 구조'가 오보였음이 알려졌다. 가슴이 떨려왔다. 온몸에 털이 일어나는 것 같은 흥분이 몰려왔다.

"내가 가야 하는데…."

그러한 상태에서 도저히 일을 할 수가 없었다. 주변 동료들에게 전화를 걸어 '우리가 가야 하지 않겠느냐'고 했지만 선뜻 나서는 사람이 없었다. '돈도 못 받을 텐데 왜 가려고 하느냐'며 오히려 핀잔을 놓는 사람도 있었다.

급한 마음에 청와대에도 전화를 걸었다. 연결이 되면 상황이 급하니 SSU(해군 해난구조대) 출신 대원들에게 긴급비상 소집령을 내려야 한다고 말하려고 했다. 전광근 잠수사 자신이 SSU 출신이었기에 SSU 대원 출신이라면 이런 국가적 재난 상황을 외면하지 않을 거라고 생각했기 때문이다. 그러나 전화를 받는 사람은 없었다.

'배가 완전히 가라앉기 전에 구조해야 하는데….'

다시 다급한 마음에 평소 연락처를 알고 있던 해군 출신 국회의원에게 '현직 잠수사 소집'을 요청하는 문자를 보냈다. 그러나 이번에도 응답이 없었다. 세월호 사고 당일은 그렇게 지나갔다.

사고 다음 날인 17일 새벽 뜬눈으로 밤을 꼬박 새운 전광근 잠수사는 우선 혼자서라도 가야겠다고 마음먹고 현장소장에게 양해를 구했다. 그리고 풀페이스 마스크와 통신 장비 등 개인 장비를 챙겨 차에 싣고 곧바로 팽목항을 향해 달려갔다. 현장으로 향하는 차 안에서도 함께할 만한 사람들에게 계속 연락을 취해보았다. 수소문 끝에 평택에 있는 수중기업 오○○이 내려간다는 소식을 들을 수 있었다.

쉬지 않고 달려 오전 9시쯤 팽목항에 도착해 보니 주변은 그야말로 아비규환의 현장이었다. 해경과 언론 기자 그리고 가족들로 보이는 사람들이 마치 폭격을 맞은 것 같은 현장을 아무런 체계도 없이 이리저리 헤매고 있었다. 해경의 책임자인 듯한 사람도 보였지만 어떻게 구조작업을 해야 할지 모르는 듯 우왕좌왕하기만 할 뿐 지휘체계가 엉망이었다. 장비도 없이 무작정 혼자 바다로 뛰어들 수도 없어 아까운 시간을 허비하며 잠수팀이 오기를 기다렸다. 평택에서 출발한 잠수팀은 오후 4시가 되어서야 도착했다. 이들이 도착하고도 곧바로 사고 현장으로 갈 수 없었다. 어렵게 해경 관계자를 통해 현장으로 갈 수 있는 배를 수소문하여 해경 P19정에 평택팀이 가져온 700kg이 넘는 장비를 싣기 시작했다.

부재의 기억

전광근 잠수사가 세월호 사고 상황을 보고 긴급하게 움직였던 데는 이유가 있었다. 몇 해 전 있었던 천안함 침몰 사건 당시에 현장에 투입되어 비슷한 상황을 직접 경험했기 때문이었다. 당시에도 해군 및 전문가를 자처하는 사람들이 나섰지만 정작 현장에서는 체계적인 대처를 하지 못했었다. 세월호 침몰 상황에서도 해경이나 해군의 대처는 크게 다르지 않을 것이 뻔했다. 그러니 한 사람의 목숨이라도 더 살리려면 선내로 들어가 공포에 떨고 있을 승객을 구해 나올 수 있는 전문 잠수사가 빨리 투입되어야 한다. 그런데 현장의 사정은 그의 다급한 마음과는 정반대로 흘러갔다.

훗날 전광근 잠수사는 아직 생존자가 살아있었을 것으로 추정되던 당시 자신이 지켜본 긴박했던 상황에 대해 이렇게 술회했다.

"17일 날은 배가 어느 정도 선수 뱃머리 부분 밑바닥이 수면 위로 노출이 됐었거든요. 에어포켓이라도 존재한다면, 거기 있으면 살 수 있는 확률이 있으니까요. 18일 날 새벽에 (생존자를 구조하러) 들어가려고 했는데 해경에서 VIP가 와서 지켜보고 있으니까 에어 주입을 꼭 해야 한다고 했어요.

(해경) 잠수 장비를… 보니 다 썩어있는 거예요. 너무 노후 되어서 금방이라도 바로 꺼질 것 같아…. 이걸 갖고 들어가면 애들을 살리기 전에 너희들이 죽겠다….

그런데 VIP가 보고 있으니까 어떻게 흉내라도 내라…. (그런데) 들어가고 3분도 안 돼서 (콤프레서가) 시동이 꺼져버리는 거예요. … (그런데) 에어 주입 호스를 잘 연결했다고 하더라고요…. 에어를 주입하려면 격실까지 들어가서 에어포켓이 있는 위치에다 에어를 주입해야 맞는데, 보니까 그냥 에어 호스를 어디에다 묶어놓고 올라온 거야. 배 바깥에다가. VIP가 와서 지켜보고 있으니까, 에어 주입 성공했다고 얘기해야 할 거 아녜요. (해경이) 그 쇼를 또 하더라고요.

주입하는 도중에 벌써 배가 점점 가라앉기 시작하는 거예요."[1]

전광근 잠수사는 지금도 한 사람이라도 살릴 수 있었던 황금 같은 시간을 권력자에게 잘 보이기 위해 허망하게 보내야 했던 당시를 생각하면 분노가 치밀어 오른다.

1_ 다큐멘터리 단편 영화 『부재의 기억』 중에서. 이승준 감독

전우보다 소중한 동료들

19일 밤 정조 시간인 11시를 기다려 첫 탕을 시도했다. 바지선도 준비되어 있지 않아 해경 경비정에 의지하고 잠수를 해야 했다. 그렇다 보니 비교적 유속이 느려지는 시간이기는 했지만 배가 파도에 심하게 흔들리는 바람에 작업은 쉽지 않았다. 우선 현장에 함께 있던 군대 후배와 조를 이루어 로프를 내리고 세월호 선체에 고정하는 작업을 시작했다. 세월호 선체에서 기름이 유출되고 있었기에 우선은 누출된 기름 제거 작업을 해야 했다. 오일펜스를 치고 기름이 번지는 것을 막은 후 생존자를 만날 수 있기를 빌며 수색에 나섰다.

선체 수색을 위한 준비 작업을 하는 동안 바다 밑에서 엄청난 굉음이 간간이 들렸다. 세월호 선체가 해저 면에 닿으면서 내는 소리였다. 세월호는 여전히 침몰 중이었다. 설치한 가이드라인을 잡고 잠수하여 선체를 살피며 내려가는데 해치가 보였다. 손으로 열어보려고 안간힘을 써보았지만 꿈쩍도 하지 않았다. 후배 잠수사와 힘을 합하여 한참을 용을 쓰다시피 한 끝에 간신히 해치 문을 열었다. 선내에는 이미 물이 가득 찬 상태였다. 생존을 기대하기는 어렵게 된 것이다.

바지선도 없는 상태에서 계속 잠수를 시도하는 것은 무리였다. 게다가 잠수사의 수가 너무나도 부족한 상황에서 처음 합류한 사람들 몇몇이 현장 상황을 보고 불가능하다고 생각했는지 그냥 돌아가 버렸다. 그 상태로 더 이상 작업을 시도하는 것은 자살행위나 마찬가지였다. 그러나 침몰하는 배를 눈앞에 두고도 희생자를 구하러 갈 수가 없으니 참담한 기분이 들었다.

전광근 잠수사는 선배 공우영 형님을 떠올렸다. 그 형님이 함께한다면 큰 힘이 될 것 같았다. 그는 곧바로 공우영 잠수사에게 연락을 취했다. 그리고 상황을 설명한 후 당장 필요한 바지선과 챔버 장비 등을 알아봐 달라고 부탁했다.

공우영 형님과 연락을 한 후 민간잠수사들이 속속 현장으로 들어왔다. 황병주 형, 김상우 선배 등 반가운 얼굴을 보니 참담하기만 했던 마음이 조금은 안정을 찾아가기 시작했다. 마치 전쟁터에서 후퇴하던 중 지원군을 만난 기분이었다.

"4월 17일 날 가서 7월 10일까지 있으면서 제가 한 25~30구 정도를 수습했는데… 처음에는 시야도 잘 안 나오고 어디가 어던지 모르잖아요. 가이드라인을 설치를 하고 가이드라인을 잡고 다녀야… 갈 수 있는 선내의 격실이 굉장히 복잡하게 됐던 거죠. 들어가면서 집기들이 막 쏟아져 있었고, 미로 같은 공간을 통과해야 돼요.

(희생자들의) 살고 싶어 하는 의지가 강했다는 물증들이 많아요. 2인 객실에서도 7~8명이 나오고 했었으니까. 그 좁은 격실에서도 친구들이 모여서 살려고 노력을 했던 흔적들이…"[2]

자부심 강한 SSU(해난구조대) 출신 잠수사

2_ 같은 영화 중에서

전광근 잠수사는 내륙 지방인 오산 출신이지만 어린 시절부터 물에서 노는 것을 좋아하는 소년이었다. 마을 저수지에서 수영을 하다 죽을 뻔한 적도 있었지만, 그 일이 있은 뒤에도 물은 그에게 가장 좋은 놀이터였다.

잠수와 인연을 맺은 것은 해군에 입대하면서부터이다. 동해 함상 근무로 군 복무를 하던 중 전광근 잠수사는 해군 특수부대인 SSU(해난구조대)에서 대원을 모집한다는 전단을 보고 자신이 꼭 있어야 할 곳이라는 생각이 들었다. 해난구조대는 선박이 침몰할 경우 선박 인양, 인명 구조, 시신 수습 등을 하는 특수부대이다. 해상에서의 작업뿐 아니라 심해 잠수도 해야 하기 때문에 강인한 체력과 정신력을 갖추어야 한다. 따라서 선발되기도 어렵지만, 대원이 되어서도 혹독한 훈련을 감수해야 하는 곳이다. 어려서부터 물속에서 노는 것을 좋아했던 전광근 잠수사는 그 혹독한 훈련 과정을 모두 거친 뒤 자랑스러운 SSU 대원으로 활동을 시작했다. 당시 고락을 함께했던 동료들과는 지금도 끈끈한 전우애를 나누고 있다. SSU 대원 출신 중에는 부사관 등으로 승진하여 여전히 현역에 복무하는 이들도 있고, 제대 후 해경에 소속되어 근무하는 동료들도 많았다.

그 후 전광근 잠수사는 군 제대를 앞두고 선배를 찾아갔다가 민간 산업잠수사로 일하고 있던 선배의 권유로 잠수사의 길을 가게 되었다. 그는 그때나 지금이나 자신의 인생에 있어서 잠수사의 길을 가기로 결정한 것을 가장 탁월한 선택이었다고 믿고 있다. 이후 주로 산업현장에서 수중 작업을 하였다. 샐비지(salvage, 선박 인양)나 인명 구조 및 사망자 시신 인양도 여러 번 하였다. 천안함 사고 때 현장에 투입된 것도 그동안 맺어온 인연과 SSU 출신의 잠수 실력 때문이었다.

웬만한 일에는 놀라거나 두려워하는 경우가 없는 그였지만 세월호 현장에서 대면해야 했던 수많은 희생자의 처참하고 비극적인 광경 앞에서는 흔들리지 않을 수 없었다. 사고 초기에 체인블록을 이용하여 굳게 닫혀있던 세월호의 무거운 문을 열었을 때 마주한 학생들의 주검 앞에서 그는 망연자실했다.

어떤 희생자는 쓰러진 음료수 자판기에 하반신이 깔려버린 바람에 부력주머니를 달아 자판기를 들어 올리고 수습하기도 했다. 허리 아래쪽이 으스러져 차마 쳐다볼 수가 없었다. 희생자는 여성이었는데 학생인지 교사인지는 확인하지 못했다. 아마도 배에서 탈출하기 위해 몸을 움직이다가 자판기에 깔린 듯했다. 마지막 순간까지 창문으로 탈출을 시도하다가 창문틀에 머리가 낀 상태로 숨을 거둔 남학생도 있었다. 그러한 모습을 마주할 때마다 그는 저절로 욕이 튀어나왔다. 그가 뱉은 욕이 통신선을 타고 그대로 바지선 위 교신을 맡은 선배에게로 전달되었지만, 동병상련의 마음이었기에 서로를 이해하였다.

위험한 순간도 여러 번 있었다. 세월호 식당 칸으로 진입했을 때였다. 바깥쪽에서 해경 소속 잠수사로 근무하는 문병길 선배(SSU 40차)가 문을 열어 잡고 있었는데, 갑자기 숨이 턱 막혀왔다. 선배가 밀어서 넣어주던 공기호스가 어딘가에 걸려 상처가 난 것이었다. 40m 이상의 수심에서는 호스에 가해지는 압력이 매우 높으므로 작은 충격에도 치명적인 상황이 발생할 수 있다. 다행히 줄을 잡아주던 문병길 선배가 적절하게 유도해 주어 무사히 수면 위로 부상할 수 있었다.

모든 죽음이 안타깝고 가슴이 아프지만, 자식을 기다리는 간절한 부모의 마음이 죽은 이에게도 전달되는 듯했던 사연 때문에 가슴이 미어졌던 일도 있었다. 전광근 잠수사가 자신의 차례가 되어 잠수를 준비하고 있을 때였다. 연세가 지긋하신 아버님 한 분이 다가와 '우리 아들을 찾아 달라'며 사진을 보여주었다. 세월호에 근무하다 희생당한 승무원이었다. 마침 승무원 객실 쪽을 수색하려고 했기에 고개를 끄덕이며 그분의 손을 잡아 드렸다. 선내에 진입하여 6층에 있는 승무원 객실로 들어가 꼼꼼하게 손을 짚어가며 수색을 해나갔다. 순간 손끝에 감촉이 느껴졌다. 살짝만 닿았을 뿐이지만 잠수사들은 안다. 그 느낌이 바로 사람에게서 온 것이라는 사실을. '어쩌면 아버지가 애타게 찾는 것을 알고 그 승무원이 다가와 손을 잡는 것은 아닐까?' 시신의 몸을 돌려 얼굴을 본 전광근 잠수사는 온몸에 소름이 돋는 듯했다. 역시나 아버지가 애타게 기다리던 그 아들이었다. 그 주검을 수습하여 정성스레 안고 올라오니 기다리고 계시던 아버지가 눈물을 흘리며 오열하였다. 세상의 모든 부모의 심정이 그럴 것이다. 전광근 잠수사는 그 모습을 보며 자신의 부모님을 떠올렸다.

그 후, 말 한마디의 효과

마치 해고당하듯 현장에서 쫓겨난 후 전광근 잠수사도 다른 동료들과 마찬가지로 육체적 고통과 정신적 트라우마에 시달려야 했다. 예전부터 갑상선 항진증으로 약을 복용하고 있었지만 관리를 잘하고 있었기 때문에 생활하는 데 크게 불편함은 느끼지 않았다. 그런데 세월호 현장에 있는 동안 약을 먹지 못해 증세가 악화되었다. 게다가 수심 48m에서 허용되는 하루 1회 잠수 수칙을 지킬 수 없는 상황이다 보니 하루 4회의 잠수를 감행하는 등 무리한 잠수를 하면서 몸에도 무리가 왔다. 어깨에 통증이 느껴지고 관절통도 생겼지만 그나마 골괴사 판정을 받지 않은 것이 다행이었다. 골괴사 판정을 받거나 혈액 투석을 해야 하는 등 심각한 고통을 겪고 있는 동료들이 있으니 자신이 겪는 고통은 혼자 삭이고 넘어가는 경우가 많았다.

"7월 10일에 나오고 한 일 년, 일 년 반 동안 잠을 잘 못 잤어
요. 저에게도 아픔이에요. 마음속에 짐이고…."[3]

무엇보다 수시로 불쑥불쑥 쑥대밭 같던 세월호 선내의 모습과 처참한 모습으로 숨을 거둔 희생자들의 얼굴이 떠오르면 감정을 절제하기가 어렵다. 그 때문에 정신과 치료와 수면제 등 약물의 신세를 지지 않을 수 없었다. 그런데 국가에서 지원해 주던 무상 치료도 한시적인 것이었다. 2014년 12월 이후에는 병원비 지원도 끊겼다. 자비를 들여 치료를 받기도 했지만 계속되는 트라우마에 견딜 수 없으면 어느 누군가를 향해 마구 소리라도 지르고 싶었다.

그는 4·16 세월호참사 특별조사위원회(특조위)가 주재한 '제1차 청문회'에서 조사위원들의 관련 질문에 다음과 같이 대답했다.

"2014년 12월 이후 모든 병원 지원이 끊겼어요. 1월에 언론에
서 다룰 당시 2월부터 한시적으로 지급됐다고 하는데 2월 한 달만
추가로 더 받았죠. … 5월 7일까지 자비로 병원에 다니다가 약이
없으면 잠을 못 자고 화를 내고 분노를 표출하기도 했어요."

그런데 신기한 일이 벌어졌다. 약에 의존해야만 잠을 잘 수 있고 늘 우울감과 분노감이 교차하던 그를 치유해 준 사람이 있었다. 바로 희생자 유가족들이었다.

3_ 같은 영화 중에서

"7월쯤 유가족들을 만났는데 그분들에게 '고생했고 고맙다'는 말을 들은 순간 마음이 풀리는 거예요. 그 후 정신과 치료제를 끊었습니다. 그 한마디가 제겐 충분했어요."

늘 자신을 짓누르고 있던 죄책감과 마음의 빚을 유가족분들이 말 한마디로 치유해 준 것이다. 물론 지금도 문득문득 당시의 장면이 생각나며 괴로움을 느끼는 경우도 있다. 하지만 약물에 의존하지 않고는 견디지 못했던 지난날들과는 근본적으로 다르다. 마음속에 깊이 박힌 심리적 트라우마는 약이 아니라 누군가의 진심 어린 감사의 마음으로 치유될 수 있다는 사실이 놀라울 뿐이다.

전광근 잠수사는 앞으로도 잠수사로서 살아가려 한다. 세월호 청문회에서 발언한 것처럼 혹시라도 유사한 사고가 발생한다면 이번에도 먼저 나서서 현장으로 달려갈 것이다. 사람의 목숨을 구하는 일에 다른 그 어떤 것이 우선될 수 있겠는가? 다만 더 이상 순수한 마음으로 발 벗고 나선 사람들이 또다시 상처 입는 일이 생기지 않기를 바랄 뿐이다.

그리고 관홍이 형이 유언으로 남긴 '뒷일을 부탁합니다.'라는 당부를 실현하기 위해 동료들과 함께 힘써 나가려 한다.

의문에 대한 답을 찾아서

☪ 김 상 우

군 복무 중이던 92년부터 잠수사로 활동을 시작한 이래 27년째 산업 전문 잠수사로 활동하고 있다. 세월호 침몰 소식을 듣고 2014년 4월 23일부터 수색 및 수습 활동을 하다 선체 격실이 무너지는 사고로 목과 어깨를 다쳐 6월 24일, 동료들보다 먼저 현장에서 철수하였다.

한량으로 살고 싶었던 사람

그는 동료들 사이에서 자타가 공히 인정하는 '유쾌한 한량'으로 불린다. 어느 자리에서나 즐거운 분위기를 연출하고, 때론 진지하고 무거운 자리를 거침없는 농담으로 웃음바다로 만들곤 한다. 어느 한군데에 얽매이기를 싫어하고 언제까지나 자유로운 영혼으로 살고 싶었기에 딱딱한 조직보다는 산업잠수사라는 직업을 자신에게 가장 어울리는 일로 여기며 살아왔다. 물론 타고난 호기심과 모험심 탓에 잠수사로 활동하면서도 다양한 분야에 발을 담근 적이 많았다. 이런저런 사업을 하기도 했고, 스포츠 수영 및 스킨스쿠버 강사로 활동하기도 하였다. 그러나 스스로 산업잠수사가 자신의 정체성임을 자랑스럽게 생각하고 있다.

그런데 세상은 그를 타고난 대로 한량으로 살도록 내버려두지 않았다. 어쩌면 세상이 아니라 '김상우'라는 자신의 운명이 한량이기를 용납하지 않은 것인지도 모른다. 그 운명의 시작은 1992년 해군에 입대한 후 해난구조를 주 임무로 하는 특수부대 SSU(Sea Salvage &rescue Unit, 해난구조대)에 지원하면서부터였을 것이다. 대한민국 해군의 해난구조 및 잠수에 특화된 SSU의 특수요원으로서 훈련을 마치고 부사관으로 임관한 지 만 일 년이 되던 1993년 10월, 서해 페리호 사건이 터졌다. 부안과 격포 사이를 운행하는 110톤급 여객선이 거센 파도에 휩쓸려 침몰하면서 292명의 사망자를 낸 우리나라 최대 규모의 해난 사고였다. 20대 초반의 SSU 해난 구조대원이던 김상우 잠수사는 상부의 명령을 받고 동료들과 함께 현장으로 달려가 희생자 인양 작업을 펼쳤다. 그리고 다음 해 10월 성수대교가 붕괴하는 사고가 발생했다. 사고 발생 시간이 오전 7시 38분경이라 등교하던 무학여고 학생들을 비롯하여 32명이 사망하는 끔찍한 참사였다. 성수대교 현장에도 김상우 잠수사가 있었다. 곧이어 터진 충주호 유람선 화재 사건, 이듬해 터진 C-프린스호 사건, 동해 북한 잠수함 침몰 사건 등 온 국민을 놀라게 한 사건마다 김상우 잠수사는 현장으로 달려가 구조 및 수습 활동을 하였다.

누구나 알만한 대형사고 현장마다 자신의 특기를 발휘하여 최선을 다해 인명을 구조했던 그였기에 그만하면 해난 구조대원의 역할은 다한 것으로 생각했다. 김상우 잠수사는 농담 반 진담 반으로 전생에서 지은 업보는 그것으로 다 갚았다고 말하곤 했었다. 더 이상 대규모 참사의 현장에 갈 일은 없을 것으로 생각했다.

그런데 그에게 아직 갚지 못한 업보가 있었던가.

남아있던 업보

세월호 사건이 뉴스를 타고 전해졌을 때 김상우 잠수사는 서울에서 다른 업무를 보고 있었다. 잠수사라는 특성상 해난 사고에 대해서는 본능적으로 반응할 수밖에 없었지만, 사고 초기에는 그리 심각해 보이지 않았기에 그저 뉴스에 눈을 고정하고 사태를 지켜보는 것 말고는 달리 행동을 취하지는 않았다. 잠시 후 "승객 전원 구조" 자막이 뜨는 것을 확인한 후 안도하는 마음으로 다시 일상으로 돌아갔다.

저녁에 일을 마치고 귀가한 후에 그는 TV 화면을 통해 사태가 심각하다는 것을 알게 되었다. 방송에서는 팽목항 주변을 비추며 600여 명의 잠수사가 집결하여 구조에 나설 채비를 하고 있다고 전했다. 그런데 화면 속에 비친 사람들의 모습을 살펴보니 잠수사들이 가지고 있는 장비들이 대부분 레저용 스쿠버 다이빙 장비였다. 김상우 잠수사는 '저 장비로 희생자들을 어떻게 구할 수 있을까?' 하는 생각이 머릿속을 스치고 지나갔다. '저 사람 중에서는 실제로 선내에 진입하여 구조 작업을 할 수 있는 사람은 거의 없을 텐데….' 그도 그럴 것이 계속해서 전해지는 소식에 의하면 희생자들 대부분이 침몰한 세월호 선체에서 빠져나오지 못한 상태라고 했다. 그렇다면 그들을 구조하기 위해서는 선체로 진입해야 하는데, 그의 오랜 경험으로 미루어 볼 때 공기통을 메고 선내로 진입하는 것은 위험할 뿐 아니라 현실적으로도 공간이 좁아 진입 자체가 거의 불가능할 터였다. 결국, 선내에 진입하기 위해서는 지상에서 호스를 통해 공기를 주입하는 표면 공급식 잠수 방식에 익숙한 잠수사들이 투입되어야 한다. 그러나 국내에서 그 일을 할 만한 인력은 손에 꼽을 정도에 지나지 않는다. 하지만 김상우 잠수사는 그때까지도 자신이 그 일의 당사자가 될 줄은 생각지 못했다. 수백 명의 목숨이 걸린 대형사고이니만큼 당연히 국가 차원에서 구조 인력을 투입할 것이라고 생각했다. 김상우 자신은 그저 안타까운 마음으로 사고를 지켜보는 평범한 국민의 한 사람일 뿐이라 생각했다.

사고 사흘째인 18일 뉴스는 수면 위로 힘겹게 모습을 드러내고 있었던 세월호의 선수 부분이 바다 밑으로 가라앉았다는 사실을 전했다. 에어포켓에 의존하여 생존자가 있을 실낱같은 희망도 함께 침몰한 셈이었다. 세월호 소식이 연일 보도되면서 일이 손에 잡히지 않았다. 여기저기 지인들에게 연락을 해보니 함께 일했던 동료와 군대 시절 후배들 일부가 현장에 들어갔다는 소식을 들을 수 있었다. 하지만 그때도 역시 벌여놓은 일 때문에 자신이 직접 현장으로 가야 하리라고는 생각하지 못했다.

20일 밤 현장에 가있는 후배와 어렵게 통화가 이루어졌다. 사실 그때만 해도 위험한 상황이니 안전에 유의하며 일하라는 격려를 하기 위해 통화를 시도한 것이었다. 후배의 말에 의하면 600여 명의 잠수사가 투입되었다는 뉴스 보도와는 달리 현장에는 단 8명의 잠수사가 무리하게 교대로 작업을 하고 있다는 것이었다. 통화를 마치고 잠자리에 누웠지만 잠이 오지 않았다. 몸은 서울에 있었지만, 마음은 이미 세월호 현장으로 달려가고 있었다. 다음 날 군대 후배이자 같은 산업잠수사로 일하고 있던 전광근 잠수사로부터 연락이 왔다. 긴급 지원 요청이었다. 휴대폰에 전광근이라는 이름이 찍히는 순간 김상우 잠수사는 이미 마음속으로 가져갈 장비들의 목록을 헤아리고 있었다.

통화가 이루어진 다음 날 장비를 챙겨 쉬지 않고 차를 달려 22일 늦은 밤이 되어서야 취재진이 적은 서망항에 도착할 수 있었다. 곧바로 현장으로 들어가고 싶었으나 해경 경비정이 준비가 되지 않아서 차 안에서 잠시 눈을 붙이고 23일 아침에야 해경 경비정을 타고 현장으로 들어갔다. 생업을 위해 벌여놓은 일을 마무리하지도 못하고 온 터이므로 그저 한 일주일 정도만 부족한 일손을 돕고 돌아가겠다는 생각이었다.

어느 정도 예상은 했지만 현장은 과연 제대로 수색 작업이 가능할까 하는 의문이 들 정도로 아수라장 그 자체였다. 평소 안면이 있는 8명의 잠수사가 감압 챔버도 없는 바지선에서 교대로 작업을 하고 있었다. 잠수사들 사이에서 맹골수도는 조류가 세기로 악명이 높은 곳이었다. 로프를 잡고 있어도 조류가 밀려들면 몸이 수평으로 떠오를 정도여서 경험이 없는 잠수사들은 입수할 엄두도 내지 못하는 곳이었다. 그나마 조류가 잦아드는 정조 때를 이용하여 잠수를 해야 하는데, 6시간마다 한 번씩 찾아오는 정조 때에 맞춰 해경 요원과 2인 1조로 입수를 하고 지상에서 통신과 지원도 함께 이루어져야 하니 현장에 있는 잠수사들 전원은 거의 쉴 틈이 없었다. 잠수 가능한 정조 시간은 고작 1시간 반에서 길어야 2시간에 불과했다. 맹골수도가 허락해 준 그 짧은 시간을 온전히 희생자를 수습하는 데 쓰기 위해서는 세심한 준비가 필요했다. 정조 시간 30분 전부터 입수를 위한 모든 준비를 완료하기 위해 잠수사 전원이 바쁘게 움직여야 했다. 조류가 잦아들면 민간잠수사 1명과 해경 요원 1명이 2인 1조가 되어 입수한다.

민간잠수사가 세월호 선내로 진입하여 수색을 펼치는 동안 해경 요원은 세월호 선체 입구에서 민간잠수사의 생명줄인 공기호스가 꼬이거나 상처가 나지 않도록 조정하는 등 선내에서 수색 중인 잠수사의 안전을 확보해 주는 역할을 한다. 그리고 민간잠수사가 선체 안에서 희생자를 수습해 오면 해경 요원이 인계받아 바지선까지 동행하게 된다. 이러한 일들 모두 바닷속에서 이루어져야 하므로 민간잠수사와 해경 요원과의 팀워크도 매우 중요했다. 다행히 현장에서 민간잠수사들과 손발을 맞췄던 일선 해경 요원들은 주어진 자신의 임무를 충실히 수행하였고, 덕분에 자칫 위험할 뻔했던 순간들을 무사히 넘길 수 있었다. 물론 해경 수뇌부의 무책임한 행동에 대해서는 절대 용납할 수 없다. 다만 현장에서 함께 고생했던 해경 잠수요원들은 자신들의 책임을 다한 사람들이며, 그 때문에 김상우 잠수사는 해경 잠수요원들을 선후배이자 동료로 여기고 있다.

안전규정상 수심 40m가 넘는 환경에서 잠수 시간은 15분을 넘길 수 없는 것이 원칙이지만, 선내 진입과 수색을 위한 시간을 최대한 확보하기 위해서 그것을 생각할 겨를조차 없었다. 짧은 정조 시간 동안 3~4명의 잠수사가 각각 30분 이상씩 무리한 잠수를 감행할 수밖에 없었던 이유이기도 하다. 마지막 순번의 잠수사가 수면 위로 올라올 때면 잠잠했던 맹골수도에 다시 조류가 밀려들어 잠수사의 몸을 세차게 밀어붙이곤 했다. 잠수를 마치면 약 30~40분에 걸쳐 젖은 수트와 장비 그리고 공기호스와 통신선 등을 챙겨 정리해 두어야 한다. 이렇듯 정조 때마다 잠수사들의 작업은 약 3시간 이상 숨 가쁘게 돌아간다. 다음번 정조까지 남은 시간은 고작 3시간, 하지만 그마저도 편히 쉴 수가 없다. 다음 수색을 위해 선내 상황에 대해 서로 정보를 주고받다 보면 기껏 한 시간가량 쪽잠을 청하는 게 고작이었다.

김상우 잠수사가 도착한 금호 바지선에는 감압장치인 챔버도 없었으며, 시설이라곤 크레인 하나와 10명 정도가 간신히 앉을 수 있는 컨테이너 박스가 전부였다. 바지선 위에는 실종자 가족, 해경 지휘관, 언론사 기자 그리고 신원을 알 수 없는 사람들을 합쳐 50~60여 명의 사람이 뒤섞여 있었다. 그들 대부분 차갑고 매서운 4월의 바닷바람을 피해 좁아터진 컨테이너 박스 안으로 모여들었다. 그 때문에 정작 세월호 선내를 수색하고 올라온 잠수사들은 감압은 고사하고 몸을 녹일 수 있는 공간조차 찾기 힘든 지경이었다. 할 수 없이 지붕도 없는 바지선 위에서 잠수 수트를 입은 채로 식어버린 밥을 먹고 쪽잠을 청해야 했다.

얼마 후 금호 바지선이 빠지고 형편이 조금 나은 언딘 리베로 바지선으로 교체가 이루어진 것은 그나마 다행이었다. 김상우 잠수사는 바지선 교체가 완료된 그 날 저녁부터 첫 입수를 시작으로 선체 수색 및 희생자 수습 작업에 나서게 된다.

그것은 김상우 잠수사의 말마따나 그가 마지막으로 갚아야 할 업보였을지도 모른다.

아담한 체격의 여학생

23일 밤 9시경 김상우 잠수사의 입수 차례가 되자 지휘를 맡은 공우영 선배가 수색 위치를 구체적으로 짚어가며 지시를 했다. 우현 측 객실로 통하는 창문을 다른 잠수사들이 미리 깨놓았으니 그리로 진입하여 반대편 선실을 살펴보라는 것이었다. 앞서 다른 구역을 수색했던 김상우 잠수사도 직감적으로 공 선배가 짚어낸 곳에 누군가 있을 것

김상우: 의문에 대한 답을 찾아서

같다는 예감이 들었다. 김상우 잠수사는 머릿속으로 가야 할 방향과 동선을 가늠해 보고 곧바로 바다로 뛰어들었다. 하잠줄을 잡고 한참을 내려가 세월호 선체에 도착한 후 선내 진입을 위해서 우현 외부를 따라 창문이 있는 위치로 이동해 나갔다. 세월호 우현 외부에는 비상용 계단이 설치되어 있었는데, 그 계단 밑을 통과할 때였다. 계단 옆으로 나란히 붙어있는 작은 창문을 지나려는데 창문 안쪽으로 설핏 빨간색 물체가 스쳐 가는 듯했다. 순간 거기에 누군가 있다는 느낌이 들었다. 그 창문은 사람이 들어갈 수 없는 크기여서 미리 깨놓지 않은 상태였다. 몸을 돌려 창으로 가까이 가서 들여다보니 구명조끼였다. 김상우 잠수사는 다시 위로 올라가 망치를 전달받은 후 다시 그 창문 위치로 돌아와 창을 깨기 시작했다. 창문은 몇 차례의 망치질로 어렵지 않게 제거할 수 있었다. 안으로 몸을 넣어보려 했으나 창의 크기가 너무 작아서 들어가는 것은 불가능했다. 감상우 잠수사는 팔을 깊숙이 넣어보았다. 마치 수초 같은 감촉이 손에 닿았다. 긴 머리카락인 듯했다. 조심스럽게 당겨보았다. 누군가의 몸이 손에 잡혔다. 불을 비춰보니 빨간색 구명 재킷을 입은 아담한 체격의 여학생이었다. 탁한 물속이었지만 그 얼굴이 마치 아무 일도 없이 편안히 잠들어 있는 것처럼 느껴졌다. 작은 창이었지만 아담한 체격이었던 덕분에 여학생을 밖으로 나오게 할 수 있었다. 혹시나 장애물에 걸리지 않도록 그 여학생을 가만히 감싸 안았다. 순간 김상우 잠수사는 자신도 모르게 울컥하며 잊고 있던 오래된 기억이 떠올랐다. 약 20년 전 성수대교 붕괴 참사 현장, 그곳에서도 비슷한 체격의 여학생을 찾아서 데리고 나온 적이 있었다. 오랜 세월이 지난 지금 다시 유사한 경험을 하게 될 줄이야.

꽃다운, 아직 피지도 못한 주검을 안고 기도하는 마음으로 선내를 빠져나와 수심 약 20m쯤에 대기하고 있던 해경 요원에게 그 여학생을 인계해주었다. 그 여학생은 그나마 비교적 온전한 상태로 부모님께 돌아올 수 있어서 다행이었다. 세월호 잠수사들은 모두 여러 희생자를 수습했지만, 아무래도 처음 조우한 희생자를 잊지 못한다. 김상우 잠수사도 세월호 현장에서 처음 만난 그 여학생을 잊지 못하고 있다. 특히 20년 전 성수대교 현장에서도 비슷한 또래의 여학생을 수습했던 경험이 있었기에 그 기억은 유독 특별할 수밖에 없다. 지금도 길을 가다가 교복을 입은 학생들을 보면 울컥 눈물이 차오르곤 한다. 억지로 눈물을 참으면 깊은 곳에 숨겨져 있던 분노가 치밀고, 자신도 모르게 욕설이 튀어나오기도 한다.

슬픈 축하 인사

시간이 지나면서 몸은 점점 지쳐가고 있었다. 애당초 일주일 정도만이라고 생각했던 계획은 이미 어긋난 지 오래였다. 다른 동료들 역시하고 있던 일을 접고 무작정 현장으로 달려온 마당에 혼자서 현장을 떠난다는 것은 상상조차 할 수 없는 일이었다.

미수습 실종자 가족들의 마음은 타들어 가기만 했다. 수온이 급격히 올라가기 시작하면서 부패지수 또한 높아지므로 희생자의 발견도 점점 더 어려워지고 있었다. 선실 내에 희생자들이 있을 만한 곳은 이미 여러 차례 수색을 한 상태였기에 그즈음 잠수사들은 계단 밑이나격실 틈과 같이 수색의 손길이 많이 닿지 않은 곳으로 수색 범위를 넓혀갔다. 세월호 선체가 한쪽으로 누워있는 상태였기 때문에 그런 곳으로 진입하기 위해서는 더욱 세심한 주의를 기울여야 했으며, 사고 위험도 훨씬 컸다.

김상우 잠수사는 그날도 수색 지점을 확인하고 선내로 진입하여 객실과 객실 사이를 더듬어 가며 수색을 하고 있었다. 수중 랜턴을 켰지만, 앞으로 뻗은 손이 보이지 않을 정도로 시야가 나오지 않았다. 그럴 때 선내를 수색하는 잠수사의 촉각과 후각은 극단적으로 예민해진다. 온몸의 감각을 곤두세우고 천천히 앞으로 나아가는데 희미한 냄새가 후각을 자극하는 게 느껴졌다. 그 냄새가 무엇을 의미하는지 김상우 잠수사는 직감적으로 알아차렸다. 하지만 냄새의 방향을 가늠하기는 쉽지 않았다. 부유물들이 떠오르지 않도록 최대한 몸동작을 작게 하면서 냄새를 탐색해 나갔다. 잠시 후 손에 무언가가 만져졌다. 촉감을 느껴보니 모포이불이었다. 김상우 잠수사가 손으로 잡아당기자 옆 격실로 이어지는 틈을 막고 있던 모포가 후루룩 풀려나오면 그 냄새가 훅- 끼쳐왔다. 냄새의 진원지는 바로 옆 격실이었다. 좁은 틈을 통해 옆 격실로 들어가니 역시나 그곳에 희생자가 있었다. 희생자의 시신이 부패하면서 냄새로 자신의 존재를 알린 것이다. 비록 목소리를 내어 외칠 수는 없지만, 주검이 되어서 냄새로라도 자신의 위치를 알리려 했던 것이 아닐까. 이미 부패가 진행된 상태라 성별과 연령을 확인할 수 없었지만 분명 구명 재킷을 입고 있었다. 그 냄새를 말로는 설명할 수 없지만, 너무도 낯설고 강렬해서 한 번이라도 그 냄새를 맡아본 사람은 평생을 잊을 수 없을 것이다. 그 상태의 주검이 올라오면 곁으로 다가가던 유가족들마저 멈추게 만들 정도로 강하고 역한 냄새. 하지만 눈으로는 보이지 않는 선실 내부를 숨바꼭질하듯 수색하다 보면 그 냄새가 반갑게 느껴지곤 했다.

5월로 접어들어 수온이 더욱 올라가면서 희생자 발견도 뜸해져 갔다. 아직 가족의 주검을 수습하지 못한 유가족들은 진도체육관과 바지선 현장을 수시로 오가며 바다를 향해 시신만이라도 찾게 해달라고 간절한 기도를 올렸다. 그들의 비통함과 간절함을 곁에서 지켜봐 왔던 잠수사들은 누구 하나 힘든 내색을 할 수도 없었다. 잠시 휴식할 시간이 되어도 잠이 오질 않았다. 다음 작업을 위해서는 조금이라도 눈을 붙여야 했지만, 눈을 감으면 머릿속에는 잠시 전 미처 수색하지 못했던 구역이 그려지고 다음 잠수 때 어디를 어떻게 뚫고 들어가야 할지에 대한 생각이 꼬리를 물었다. 어쩔 수 없이 수면제를 복용하고 억지로 잠을 청하기도 했다. 그러나 그때마다 꿈속에서 여전히 세월호 선실을 헤매고 있는 자신을 발견할 뿐이었다.

사고 54일째 되던 날 단원고 2학년 7반 안○○ 학생이 올라왔다. 292번째 수습된 희생자였다. 안○○ 학생의 아버지는 매일같이 바지선에 찾아와 아들의 귀환을 빌었다. 자식을 잃은 참척의 고통 속에서 정신도 차릴 수 없는 상황이었을 텐데도 잠수사들을 챙기며 진심 어린 고마움을 표했었다. 안○○ 학생이 올라온 후 부모님은 다른 유가족들의 축하를 받았다. 미수습 유가족분들에게는 비록 주검이나마 사랑하는 가족을 만날 수 있다는 것이 분명 축하받을 일이었다. 부패하여 얼굴도 알아볼 수 없었지만 입고 있던 옷과 치아 교정기로 아들을 알아보고는 추운 바닷속에서 돌아온 것에 감사해 했다. 다른 유가족들도 다르지 않았지만, 안○○ 학생의 아버지는 유독 잠수사들을 위해 여러모로 마음을 써주었기에 아들을 만나는 그의 모습을 바라보며 함께 울컥해지기도 했다. 잠수사들도 안○○ 학생의 부모님께 축하의 마음을 전했다. 자식의 주검을 확인하며 축하를 받는 역설적인 이 상황을 어찌 설명할 수 있을까.

김상우: 의문에 대한 답을 찾아서

높은 곳만 바라보는 해경

대통령이 현장을 방문하던 날은 비교적 날씨가 좋았다. 정조 시간이 되었지만, 대통령이 바지선에 머무는 동안 잠수사들은 본의 아니게 수색 작업을 중단하고 높은 분들의 눈에 띄지 않은 곳에 모여있어야 했다. 같은 시각 대통령이 민간잠수사와 악수를 하는 장면이 언론사 카메라에 담겼다. 그 장면은 그날 저녁 TV에 메인 뉴스로 대대적으로 보도되었다. 그런데 김상우 잠수사와 동료들은 뉴스 영상을 보면서도 대통령과 악수를 하였던 민간잠수사가 누구인지 알지 못했다. 알고 보니 그는 대통령 방문 시간에 맞춰 해경이 외부에서 데려온 사람이었다. 씁쓸한 마음이 들긴 했지만, 그즈음 유명짜한 사람들이 현장을 찾아와 잠수복 차림으로 사진을 찍고 돌아가는 일이 적지 않았으므로 그리 분노할 일도 아니었다.

대통령은 현장 바지선을 방문하여 해경에게 잠수 인력을 보강하라는 지시를 내렸다고 했다. 그에 따라 해경 측은 급히 민간잠수사 2명을 수소문하였고, 적응을 위한 준비 시간도 없이 곧바로 현장에 투입하였다. 그런데 추가로 투입된 두 명의 잠수사 중 이광욱 잠수사가 첫 잠수에서 목숨을 잃는 사고가 발생했다. 현장의 분위기는 무거울 수밖에 없었다. 국가 차원의 지원도 없이 모두 자발적인 참여로 구조 활동을 벌이고 있는 민간잠수사들 사이에서도 자조의 한숨이 새어 나왔다.

이광욱 잠수사의 안타까운 사망 사고 이후 해경에서는 그제야 민간잠수사들에게 '국가 동원 명령'에 의한 긴급 활동이라는 서류를 갖추어 주겠다고 나섰다. 상부의 눈치만 살피느라 현장에서 일하는 잠수사들에겐 신경을 쓰지 않던 해경이 잠수사들 사이에서 현장을 떠나겠다는 말까지 나오자 뒤늦게 달래기에 나선 것이었다.

김상우 잠수사는 지금도 당시 현장에 자신의 직을 걸고 책임감을 발휘할 만한 공직자가 있었다면 얼마나 좋았을까 하는 아쉬움을 토로하곤 한다. 안전 선진국이라 불리는 나라들에서는 사고가 발생했을 때 현장의 책임자에게 전권을 부여하고, 그의 지휘에 따라 구조나 수습 활동이 전개된다. 미국의 9·11사건 당시에도 소방 구조 책임자에게 모든 권한이 주어졌다. 장관이나 주지사 등 고위 인사는 물론 현장을 찾은 미국 대통령도 현장 책임자의 지시에 따라 일사불란하게 구조 활동을 벌이는 모습을 지켜만 볼 뿐 어떠한 간섭이나 지시를 내리지 않았다. 오히려 대통령도 현장에서는 구조 책임자의 지시에 따라야만 했다.

그러나 세월호 현장에서는 그러한 모습을 찾아볼 수 없었다. 현장을 책임지고 통솔해야 할 해경이나 해수부의 책임자는 청와대 등 상부 기관의 눈치만 보기에 급급했다. 대통령이 현장에 방문했을 때는 수색 작업을 활발히 벌여야 할 정조 시간임에도 모든 작업을 멈추게 하고 민간잠수사들이 눈에 띄지 않도록 가두다시피 해놓고, 정작 선체 수색에는 참여도 하지 않은 해경 요원에게 잠수복을 입혀놓고 보여주기식의 쇼를 펼쳤다. 게다가 인원을 더 투입하라는 대통령의 말에 무리하게 인원 충원을 한 것이 사고를 불렀다. 신규 투입된 인원이 본격적인 작업에 들어가기 위해서는 현장 환경에 대한 적응과 잠수 방식에 대한 안전 훈련이 충분히 이루어져야 한다. 또한, 기존 잠수사들과 호흡을 맞추는 과정도 필요했다. 그러나 지휘권을 가진 해경 책임자에게는 현장의 실제 상황보다 상부의 지시가 더 중요했던 모양이다. 결국, 무리하게 추가 인원을 투입하는 바람에 한 사람의 아까운 생명이 유명을 달리하게 된 것이다. 나중의 일이지만 해경은 그 일에 대한 책임마저 민간잠수사들에게 떠넘기기 위해 공우영 선배를 과실치사 혐의로 고발하지 않았던가? 다행히 3년여의 재판을 통해 무죄를 선고받기는 했지만, 결코 해서는 안 되는 파렴치한 짓을 국가의 이름으로 저지른 것이다.

그 이외에도 해경의 윗선 눈치 보기의 사례는 하나둘이 아니었다. 한번은 경기도지사가 현장을 방문한 적이 있었는데, 도지사는 시신 수습에 효과적일 것이라며 철망으로 된 틀을 만들어 한꺼번에 실어 올리면 좋겠다는 말을 남기고 현장을 떠났다. 도지사로서는 나름 도움이 되고자 한 말이겠지만, 잠수에 대한 상식과 조류에 대한 이해가 있는 사람이라면 누구라도 현실성이 없는 방식임을 알았을 것이다. 그러나 해경은 부랴부랴 철망을 만들어 현장에 투입하려고 했다. 당시 경기도지사가 차기 대권 후보에 이름이 오르내릴 정도로 여권의 핵심 인물이었기 때문이었을까?

수중전문가를 자처하는 사람들도 혼란을 부추기는 데 한몫을 했다. 고가의 수중 로봇 장비인 ROV을 써야 한다거나, 수중의 대형 물체를 탐색하는 어군탐지기 소나(Deeper Sonar)를 선체 안에 투입하면 희생자를 쉽게 찾을 수 있다는 등 황당한 주장을 하는 사람들도 있었다. 심지어는 시신 냄새를 추적하는 기계를 추천하는 사람도 있었다. 지푸라기라도 잡고 싶었던 희생자 가족들은 이들의 말을 듣고 해경 측에 장비 투입을 요구했고, 가족들의 비난이 두려워서 그랬는지 해경은 면밀한 검토도 없이 장비를 구입하여 현장에 투입하기도 했다. 하지만 대부분은 시간과 비용의 낭비일 뿐이었다. 어쩌면 참사를 이용해 비싼 장비를 팔기 위한 모종의 계략이 있었던 것인지도 모른다.

김상우 잠수사는 그러한 일을 목격할 때마다 부아가 치밀어 직접 대놓고 항의를 하기도 했다. 하지만 개선의 조짐은 조금도 보이지 않았다. 그때마다 세월호참사 초기에 단 한 명도 구조할 수 없었던 이유가 바로 여기에 있었다는 생각이 굳어져 갔다.

더 깊은 곳으로

수습은 다시 소강상태로 접어들었다. 수색 작업이 좀처럼 진전되지 않으면서 잠수사들도 지쳐갔다. 그나마 열악한 환경에서도 버틸 수 있었던 것은 잠수사들을 위해 현장을 찾아와 도움을 준 사람들 덕분이었다. 이광욱 잠수사의 사망 이후 정부에서는 의사, 한의사, 물리치료사 등 의료진을 현장에 배치하였다. 의료진은 수시로 잠수사들의 혈압을 체크하고 이상이 발견되면 응급처치를 해주는 등 도움을 주었다. 특히 한의사와 물리치료사분들의 도움이 컸다. 계속되는 수중 수색으로 잠수사들은 근육과 관절에 통증을 심하게 느끼고 있었는데, 한의사분들이 침과 뜸을 놓고 공진단을 복용할 수 있도록 조치해 주어 많은 도움을 받았다. 그리고 물리치료사분들이 마사지를 통해 굳은 근육을 풀어주어 누적된 통증에서 조금이나마 벗어날 수 있었다. 다만, 의료진 중 일부는 그저 의무감으로 자리만 지키는 경우도 있었다. 그즈음 김상우 잠수사는 감기가 떨어지지 않아 늘 코가 막히는 바람에 수시로 코를 뚫어주는 나잘스프레이 약을 사용해야 했다. 마침 의료진이 가져온 약품 중에 나잘스프레이 약이 2개가 있어서 그중 하나는 달라고 부탁을 했는데 "직접 사다 쓰세요!"라는 황당한 대답을 들어야 했다. 이뿐만 아니라 한 번은 햄버거 가게를 운영하는 분이 직접 만든 햄버거 200개를 보내온 적이 있었다. 그런데 해경이 먼저 먹고 고작 10개를 민간잠수사들에게 주면서 나눠 먹으라는 것이었다.

> "이제 와서 얘기하기도 치사하지만, 당시에는 정말 욕을 하면서 집어던지고 싶었죠."

김상우 잠수사는 엄청난 모욕감을 느꼈지만 극구 만류하는 선배 잠수사들을 생각해서 간신히 참았다고 한다. 그날 25명의 잠수사는 햄버거 10개를 쪼개 나누어 먹으며 참담한 기분을 속으로 삭여야 했다.

사실 물품이 부족한 것은 얼마든지 참고 견딜 수 있는 일이었다. 하지만 그런 식으로 자존감을 무너뜨리고 의욕을 상실하게 만드는 것은 도저히 용납하기 어려웠다.

침몰 후 적지 않은 시간이 지나면서 세월호 내부에 설치되었던 크고 작은 시설물들이 하나둘 무너져 내리기 시작했다. 하지만 수색 작업은 멈출 수 없었다.

6월 23일, 그날도 김상우 잠수사는 좁은 격실 사이를 수색하고 있었다. 얼마 전 발견된 희생자도 넓은 객실이 아닌 좁은 격실 사이에서 발견되었기에 수색 작업은 더 정밀해야 했다. 침몰한 선체는 언제나 옆으로 눕는다. 배가 정상적으로 운항하고 있을 때는 비교적 넓은 통로도 배가 누워버리면 한 사람이 간신히 통과할 수 있을 정도로 수중 동선이 차단된다. 게다가 무너져 내린 사물함 등 각종 시설물을 치우며 앞으로 나아가다 보면 아무리 조심한다 해도 예기치 못한 위험과 직면하게 된다. 김상우 잠수사가 격실 한 곳을 수색하고 다음 격실로 이동하기 위해 장애물을 치우려고 할 때였다. 갑자기 양쪽 격실 위쪽에 있던 짐들이 한꺼번에 쏟아져 내렸다. 순간 피하려고 했지만 좁은 통로에서 어쩔 수 없이 쏟아져 내린 짐들에 의해 목과 어깨가 눌리며 쓰러질 수밖에 없었다. 그 충격으로 팔도 움직일 수 없을 정도였다. '이대로 죽는 것인가?' 천만다행으로 공기를 공급받는 호스는 끊어지지 않아서 숨을 쉴 수는 있었다. 통신선을 통해 지상에 위험 상황을 알리고 연쇄 붕괴에 대비하면서 조심스럽게 선체를 빠져나왔다.

간신히 바지선으로 올라와 응급치료를 했으나 다음 날 어깨와 목 주변에 통증이 더욱 심해지고 팔도 더 움직이기가 어려워져 결국 병원으로 후송되어야 하는 상황이 되었다. 걱정 어린 눈으로 배웅하는 동료들을 보면서 김상우 잠수사는 미안한 마음에 동료들을 향해 억지로 농담을 하며 현장을 떠났다.

"치료하고 다시 꼭 올게."

잠수사 전문병원인 삼천포 서울병원에서 검사를 받은 결과 사고의 충격으로 경추 디스크가 파열되었다는 진단을 받았다. 그 후 수술을 받았지만, 후유증은 멈추지 않았다. 그 때문에 지금까지도 현업에 복귀하지 못하고 있는 것은 물론 여전히 통증에 시달리며 지내고 있다.

전우보다 소중한 동료들

사람들은 세월호 현장에서 고생 많았다며 얼마나 힘들었냐고 묻는다. 하지만 김상우 잠수사는 그런 질문에는 대답하고 싶지 않다. 세월호 현장에서의 고통보다 현장을 떠나온 이후의 고통이 더 크며, 그 고통은 지금도 계속되고 있기 때문이다.

현장을 떠나온 후 동료들 모두는 심한 정신적 고통에 시달리고 있었다. 몸은 현장을 떠났지만, 마음과 정신은 여전히 그곳 현장에 있었다. 미수습 희생자를 마지막까지 책임지지 못했다는 죄책감과 나름 사명감을 가지고 헌신했는데 마치 필요할 때 쓰고 버리는 물건처럼 내쳐졌다는 분노가 뒤섞여 도저히 일상으로 되돌아올 수가 없었다. 술과 수면제에 의존하지 않고는 잠을 이룰 수도 없었다. 길을 가다가도 우연히 세월호참사에 대해 이러쿵저러쿵 이야기하는 사람들을 보면 욕이 튀어나왔다.

게다가 얼마 뒤 분노에 불을 지피는 일이 벌어졌다. 함께했던 동료들이 단 한 통의 문자로 퇴거 명령을 받고 현장에서 쫓겨나고 한 달 후인 2014년 8월, 광주지검 목포지청은 공우영 선배를 업무상 과실치사 혐의로 기소했다. 이광욱 잠수사 사망의 책임을 물어 해경이 기소의견으로 송치한 것이었다. 그것은 역설적으로 뿔뿔이 흩어져 홀로 트라우마를 감내하고 있던 민간잠수사들을 다시 하나로 모으는 계기가 되었다. 십시일반 힘을 모아 변호사 비용에 보태고 하나가 되어 함께 싸우기로 했다. 상대는 거대한 권력을 가진 국가 기관이었지만 삶과 죽음의 경계를 넘나들던 이들에게 권력은 두려움의 대상이 아니었다. 3년여의 지루한 공방을 거쳐 결국 대법원 최종 판결에서 무죄를 얻어낼 수 있었다.

그러나 그사이 동료 잠수사 두 사람이 세상을 떠나는 안타까운 일이 벌어졌다. 2016년 세월호 진실 규명에 앞장섰던 후배 김관홍 잠수사가 스스로 목숨을 끊었고, 그에 앞서 Y 잠수사도 목숨을 잃었다(Y 잠수사 유족의 요청에 따라 실명은 언급하지 않음). 김관홍 잠수사는 생전에 김상우 잠수사와 형님, 동생 하는 사이로 서로 느끼는 어려움에 대해 기회 있을 때마다 만나 소주잔을 기울이며 많은 이야기를 나누었다. 김관홍 잠수사가 마지막 선택을 하기 바로 며칠 전에도 한밤중에 전화를 걸어왔다. 그는 술에 취해 울고 있었다.

후배의 마음을 왜 모르겠는가? 마지막 한 사람까지 수습하지 못한 죄책감, 자신의 의사와 무관하게 불명예스럽게 현장을 떠나면서 느꼈던 치욕, 과실치사의 공범으로 몰아가는 해경과 검찰, 그리고 언론에 대한 분노 등으로 잠을 잘 수 없었을 것이다. 수면제에 의존하여 잠이 들더라도 밤새도록 선실 속에서 대답 없는 희생자들을 찾아 헤매는 악몽…. 후배 관홍이가 술을 마시지 않고는 견딜 수 없다는 것을 김상우 잠수사 자신도 잘 알고 있었다. 정도의 차이가 있을 뿐 현장에 참여했던 동료 잠수사 모두가 겪고 있는 고통이었다. 유난히 정이 많았던 후배 잠수사 김관홍은 더 견디기 힘겨웠을 것이다.

차라리 관홍이가 울면서 전화했던 날 그에게 달려가 함께 술이라도 진탕 마시고 쓰러졌더라면 관홍이가 마지막 선택을 피해갈 수 있지 않았을까? 2016년 6월 17일, 관홍이는 간신히 지켜오던 삶과 죽음의 경계를 훌쩍 넘어 저쪽으로 가버렸다. 김상우 잠수사는 불과 사흘 전 전화기 너머로 들려오던 관홍이의 울먹이는 목소리를 잊을 수가 없다.

후배 김관홍 잠수사는 2015년 12월 16일, 4·16 세월호참사 특별조사위원회 1차 청문회에서 '기억이 나지 않는다'며 모르쇠로 일관하는 세월호참사의 책임자들을 향해 다음과 같이 울분을 토해 내었다.

"저희는 포기하지 않았습니다. 그 당시 11구가 남아있을 당시에 왜 나와야 했는지, 왜 저희가 그런 식으로 쫓겨나야 했는지, 우리는 포기 못 했는데 그들에게 왜 저희가 나가야만 했는지 저는 그걸 묻고 싶고요. (중략) 저희는 그 당시 생각이 다 나요. 잊을 수 없고 뼈에 사무치는데, 사회 지도층이신 고위 공무원께서는 왜 모르고 왜 기억이 안 나는지, 저보다 훌륭하신 분들이 자리에 계시는데. (중략) 정확히 얘기를 해야죠. 욕을 먹더라도 …."

김상우 잠수사는 관홍이가 하고 싶었던 말이 그가 가고 없는 지금 자신의 몫이 되었음을 잘 알고 있다.

남은 숙제들

잘나가던 베테랑 산업 전문 잠수사 김상우, 그는 요즘 매우 바쁘다. 물론 산업 현장에서는 세월호 잠수사라는 주홍글씨가 달린 그를 받아주지 않는다. 세월호가 아니었다면 그가 있어야 할 곳은 수중 산업 현장이겠지만, 지금은 그 일을 무기한 접어두었다. 대신 세월호참사의 진실을 밝히기 위해서 그리고 일명 '김관홍법'으로 불리는 '4·16 세월호참사 피해 구제 및 지원 등을 위한 특별법 일부 개정법률안'의 국회 통과를 위해서 자신이 할 수 있는 모든 일에 나서고 있다. 그것은 후배 관홍이가 세상을 향해 던졌던 질문에 대한 응답이면서 동시에 자기 자신과 동료들에 대한 최소한의 자존감을 지키는 일이기도 하기 때문이다.

천성이 '한량'인 그는 사람들을 만나고 인터뷰를 하고, 때론 국회를 찾아가 항의를 하면서도 늘 웃음과 농담을 잃지 않는다. 그에게 가장 즐거운 시간은 뭐니 뭐니 해도 함께 고생한 동료들을 만나 소주 한잔을 기울이는 때이다. 다소 거친 입담에도 격의 없이 왁자지껄 어울릴 수 있는 거의 유일한 사람들이기 때문이다. 생사를 넘나드는 현장에서 함께 목숨을 내놓고 희생자 구조에 나섰던 그들 외에 누가 더 그의 마음을 알아줄 수 있겠는가? 황병주 형에게는 '몰래 뭘 먹고 다니기에 배가 나오냐' 너스레를 떨고, 평소 삭발을 하는 후배 한재명에게는 '이발 좀 하고 다녀라' 하며 능청을 떨기도 한다. 입담이라면 그에 못지않은 백인탁 잠수사에게는 '인터뷰하다 또 울었다며?'라고 기선을 제압한다. 그러나 모두들 안다. 그의 농담 속에는 말로는 설명할 수 없는 진한 연민과 애정이 담겨있다는 것을.

김상우 잠수사에게 있어서 동료들과의 만남은 유일한 즐거움이지만, 한편으로는 상처를 들쑤시는 것이기도 하다. 모임을 마치고 혼자

만의 시간이 되면 새록새록 떠오르는 기억들 때문에 온 밤을 견뎌내기가 힘들어지기 때문이다. 타고난 한량 기질로도 당시 기억의 엄청난 무게를 견디기엔 역부족이다. 특히 여전히 고통 속에서 살아가고 있는 동료들을 만나고 온 날은 도저히 그대로 잠을 이룰 수가 없다. 관홍이가 살아있을 때는 술 좀 그만 줄이라고 타박을 하곤 했었는데 이젠 자신이 술에 점점 더 의존하게 된다.

풀리지 않는 의문

왜? 유독 세월호 현장을 다녀온 잠수사들은 하나같이 죽음의 충동을 느끼고, 정신적 트라우마에서 벗어나지 못하는 것일까?

김상우 잠수사로서는 도저히 이해할 수가 없다.

많은 주검을 대면했기 때문에? 아니면 신체적 상처를 입었기 때문에? 아직 꽃도 못 피우고 간 어린 주검들 때문에? 아니다.

그는 오래전 서해 페리호 사건 현장에서도 많은 주검과 조우했다. 그러나 트라우마는 없었다. 성수대교 붕괴 사고 또한 매우 충격적이었다. 그때도 세월호의 어린 학생들처럼 꽃다운 학생들이 있었다. 그러나 수습 임무를 마치고 복귀한 후에 트라우마에 시달리지는 않았다. 그 이후에도 수많은 사건 현장에서 여러 가지 구조 활동을 했지만, 이번처럼 오랫동안 정신적 충격에서 벗어나지 못하고 시달린 적은 없었다.

그런데 왜일까? 세월호참사 현장은 무엇이 다르기에 5년이 지난 지금에도 그 트라우마에서 벗어나지 못하는가? 동료 중 누군가 잠시라도 연락이 되지 않으면 불안한 예감을 떠올려야 하는 일을 언제까지 되풀이해야 하는 걸까?

아마도 희생자 전원을 수습하고 당당히 임무를 마무리했다는 자부심을 가질 수 있었다면 트라우마는 없었을지도 모른다. 수습을 완료하지 못했더라도 정상적인 절차에 따라 인수인계를 한 후 현업에 복귀했다면 지금보다는 짧은 시간 안에 정신적 고통을 극복했을 것이다.

'일당 100만 원에 시신 한 구당 500만 원' 또는 '시체장사꾼'과 같은 왜곡과 악의적인 호도만 없었더라도 수시로 치미는 분노는 생기지 않았을 것이다. 구조 활동 중에 얻은 병과 상처를 치료하기 위해 병원 원무과 직원에게 마치 구걸하듯 사정을 설명하지 않고도 국가가 제공하는 의료서비스를 받을 수 있었다면, 현장에서 해경청장이나 해수부장관이 약속했던 것의 십 분의 일 만큼이라도 지켜졌더라면…. 김상우 잠수사와 동료들은 지금과 같은 트라우마에 오래도록 시달리지 않아도 되지 않았을까?

2019년 6월 17일, 광화문 세월호 광장에서 열린 '세월호참사 진상규명 및 책임자 처벌 캠페인'에서 김상우 잠수사는 연단에 올라 다음과 같이 간곡하게 호소하였다.

나는 세월호 잠수사다

… 국가가 불러서 망설임 없이 찾아가 세월호 현장에서 잠수했던 우리 민간잠수사들은 4·16참사 이후 5년 동안 잠수병으로 인한 신체적 고통뿐만 아니라 정신적 트라우마를 겪어야 했습니다. 뼈가 괴사되는 잠수병으로 인해 생업인 잠수 일도 할 수가 없으며, 수면제 없이는 잠을 잘 수도 없습니다. 일부 정당 국회의원님들께서 이런 육체적 정신적 피해를 지원하는 '김관홍법'을 발의하여 제출되었지만, 아직도 국회에서 통과되지 않고 있습니다. 심지어 어떤 의원님께서는 김관홍법을 반대한다고 하시는 분도 있습니다.

호소드립니다. 우리들의 아픈 절규를 보시고 하루라도 빨리 김관홍법을 통과시켜주시길 부탁드립니다.

국가가 불렀을 때 외면하지 않았던 우리 민간잠수사들입니다. 이런 우리들의 고통을 더 이상 국회가 외면하지 말아 주십시오. 다가오는 6월 17일은 김관홍 잠수사가 생을 마감한 지 3년이 되는 날입니다. 관홍이가 저희에게 남기고 간 말은 '뒷일을 부탁한다'는 말이었습니다. 국회에서 김관홍법이 통과되는 것이 그가 남긴 뒷일일 것입니다. 그가 남긴 말을 반드시 이룰 수 있도록 여러분께서 힘을 모아주십시오.

김관홍 잠수사의 생전모습
(출처: 오마이뉴스)

뒷일을 부탁합니다

김상우 잠수사는 故 김관홍 잠수사가 부탁하고 떠난 '뒷일'의 의미를 생각한다. 어쩌면 '뒷일'이라는 이 화두는 아주 오랫동안 김상우 잠수사가 안고 가야 할 숙제가 될지도 모른다.

2020년 5월 관홍이가 그토록 원했던 '김관홍법(4·16 세월호참사 피해 구제 및 지원 등을 위한 특별법)'이 국회에서 통과되었다. 언론에서는 드디어 잠수사들의 피해 보상이 가능해졌다고 보도했다. 그러나 어렵게 통과된 '김관홍법'이 잠수사들에게는 이름만 그럴싸한 빈껍데기에 불과하다는 사실을 아는 사람은 거의 없다.

당초 세월호 민간잠수사 피해 보상의 근거가 되었던 법은 1961년에 처음 제정되고 수차례 개정을 거쳐 온 「수난구호법」이었다. 수난구호에 참여하여 사망하거나 장애를 입었을 때만 보상이 가능하도록 규정하고 있는 법이었다. 세월호 현장에서 활동했던 민간잠수사들은 이 법에 근거하여 피해 보상을 신청했지만, 정부로부터 장애 진단서가 없으면 보상이 불가능하다는 답변만 돌아왔다.

그 후 시민단체와 연계한 지속적인 투쟁과 몇몇 뜻있는 국회의원들의 참여로 2017년이 되어서야 「수상구조법(수상에서의 수색·구조 등에 관한 법률)」으로 개정이 이루어졌다. 개정된 법에는 '민간 구조 활동의 지원 등'에 대한 규정이 추가되어 민간잠수사도 보상의 길이 열릴 것으로 생각했다. 그러나 29조 (수난구호를 위한 종사 명령 등) ③항은 "수난구호 업무에 종사한 사람이 부상(신체에 장애를 입은 경우를 포함한다.)을 입거나 사망(부상으로 인하여 사망한 경우를 포함한다.)한 경우에는 그 부상자 또는 유족에게 보상금을 지급하여야 한다."라고 규정하여 실질적으로 장애를 입증해야만 보상이 가능하도록 하였다. 잠수사들이 겪고 있는 잠수병과 골괴사는 보상의 대상이 되지 않는 것이다.

다시 투쟁과 항의의 시간이 이어졌고, 2020년 드디어 '김관홍법'이 통과되었다. 하지만 이번에도 한계가 있었다. 세부 조항에 악마처럼 도사리고 있는 피해자의 자격 조항 때문에 잠수사들이 피해자로 인정받지 못해 합당한 보상을 받지 못하게 될 상황에 처한 것이다. 안타깝게 생을 달리한 김관홍 잠수사의 이름을 따서 만든 법이 정작 김관홍의 동료 잠수사들에게는 무용지물이 될 처지가 된 셈이다.

"쉽게 되지 않을 줄은 알았지만, 보이지 않는 함정과 방해꾼이
생각보다 너무 많습니다. 하지만 계속할 겁니다. 관홍이가 던져준
숙제를 반드시 해내야죠."

김관홍 잠수사가 부탁한 '뒷일'은 여전히 진행 중이다. 김상우 잠수사는 '후배 관홍이'에게 이어받은 바통을 절대 놓지 않을 작정이다. 결승점이 어디인지 보이지는 않지만, 지치지 않고 달려가면 반드시 합당한 보상과 명예회복을 이뤄낼 수 있으리라 확신한다. 하지만 그것만이 전부는 아니다. 후배 관홍이가 남긴 '뒷일'에는 사회를 위해 희생했던 사람들이 더 이상 국가로부터 외면받거나 진정성을 부정당하는 일이 없어야 한다는 소망도 담겨있기 때문이다.

김상우 잠수사는 오늘도 달린다. 법과 제도의 확립을 통해 관홍이가 부탁한 '뒷일'을 책임지고, 더 이상 세월호 민간잠수사들과 같은 불행이 반복되지 않는 사회를 위해서….

2014년 7월 10일 마지막 팽목항

2014년 삼천포 병원

나는 세월호 잠수사다

공우영 잠수사 2심 재판을 마치고
(좌측 다섯 번째 공우영 잠수사, 맨 오른쪽 김상우 잠수사)

철 감옥을 열어라

☾ 조 준

　　2014년 4월 21일부터 7월 10일까지 세월호참사 현
장에서 희생자 수습 작업에 참여했다. 그는 산업잠수는
물론 스킨스쿠버 다이빙 분야의 전문가이기도 하다.
세월호참사 당시 무리한 작업으로 인해 골괴사 판정을 받
았으나, 수술은 하지 않고 중증 소염제를 계속 복용하며
통증을 견디고 있다. 현재 대한수중핀수영협회 산하 전북
수중핀수영협회의 살림과 운영을 맡고 있으면서 해양 수중
환경오염 등에 관심을 갖고 사회활동에 적극적으로 참여
하고 있다.

마지막 순간에도 아이들은 포기하지 않았다

　옆으로 누워있는 바닥 쪽 첫 번째 객실엔 다른 객실과는 달리 유난
히 많은 아이가 몰려있었다.

　넓은 홀과 벽으로 분리되어 있던 그 객실과 홀 사이에는 철판으로
된 문이 있었는데, 객실 복도에서 당겨 문을 여는 구조였다. 그런데 그
철문을 열어젖히면 첫 번째 객실 출입문은 열 수 없는 구조로 되어있
어, 배가 옆으로 기울면서 바닥이 된 객실에 많은 주검이 함께 모여있
었다. 결국, 이 철문 구조로 인해 많은 학생이 탈출을 못 하고 희생되
는 결과를 만든 것이다.

　추측건대 배가 기울면서 탈출하려는 학생들이 한꺼번에 앞쪽으로 밀
리는 바람에 당겨서 문을 열 수 있는 상황이 못 됐을 것이라 여겨진다.

그 단단한 철문은 학생들이 단말마의 힘으로 밀쳐대 움푹 파이고 휘어져 있었다.

배가 옆으로 누워있는 상태로 객실 방으로 들어가기 위해서는 바닥에 닫혀있는 문을 들어 올려야만 했다. 복도 철문 바로 안쪽에 객실 문이 있었는데, 한 손으로 철문을 거의 닫아줘야 다른 한 손으로 객실 문을 열 수 있는 구조였다. 잘못하여 통로 철문이 닫혀 생명줄인 공기호스가 문에 끼이기라도 하면 공기가 차단되어 잠수사는 죽을 수밖에 없는 상황이었다. 그 과정에서 어렵사리 문고리도 없는 객실 문을 빠루(노루발 못뽑이)로 간신히 열어젖히고 조심스럽게 들어가 보니, 쌓여있던 뻘이 연기처럼 일어나 온통 흙탕물이 되었다. 그 흙탕물을 헤치며 뒤엉켜있는 학생들에게로 다가가니 많은 주검이 손끝뿐만 아니라 온몸에 닿으며 너무 무거운 전율을 느꼈다. 당시 긴박했던 학생들의 상황이 눈앞에 그려지며 무기력한 감정에 비명인지 신음인지 구별할 수 없는 복받치는 소리가 튀어나온다.

"무슨 일이야?"

탄식 같은 그의 목소리가 통신선을 타고 수면 위로 전해졌는지 다급하게 묻는 소리가 들려왔다.

"이 방에 아이들이 모여있어!"

조준 잠수사는 아이들이 뭉치듯 뒤엉켜있는 상황을 보고한 후 다음 잠수 때 수습하기로 하고 육지로 올라왔다. 마음은 조급한데 잠수 시간이 촉박하기도 하고, 문 구조상 혼자서는 한 명도 데리고 나올 수가 없었기 때문이다. 다만 '왜?'라고 수없이 마음속으로 외치며, 처참했던 당시의 상황에 가슴이 답답해져 왔다.

홀 입구 철문은 닫혀있었지만, 손잡이는 거의 뜯겨있었다. 주변에는 나무로 된 사물함에서 뜯어낸 각목들이 나뒹굴어 있었다. 아이들에게 시간이 조금만 더 있었더라면 그 문을 부수고 넓은 홀로 나와 탈출할 수 있었을 텐데…. 모포, 베개, 옷가지들과 함께 엉켜있는 아이들의 모습을 보며, 절규하고 원망하며 차츰 소리도 못 내게 차가운 물이 목까지 차오를 때 절망하면서 서로를 부둥켜안았을 상황이 머릿속에서 지워지지 않았다.

철문이 객실 복도에서 밀고 나가는 구조만 됐어도 넓은 홀로 나와 탈출할 수 있었을 텐데. 제 위치에서 그대로 있으라는 선내 방송만 믿고 구조를 기다리던 아이들, 더 이상 구하러 오는 사람들이 없다는 것을 알고 얼마나 공포에 떨었을까? 최후의 상황을 보여주는 흔적들이 그대로 남아있는 모습을 보며 가슴이 턱 막혀 눈물조차 나오지 않았다.

아이들은 마지막 순간까지 포기하지 않고 맨주먹으로 철문을 부수며 탈출을 위해 안간힘을 쓰고 있었지만, 그 시간 구조의 책임이 있는 국가는 이미 이들을 포기한 뒤였다. 아니, 이 아이들의 존재를 생각도 하지 않고 있었는지도 모른다.

충격적인 상황 속에 조준 잠수사는 정신을 가다듬고 일단 현장을 빠져나와 바지선으로 올라왔다. 동료들에게 현장 상황을 설명한 후 다시 동료 잠수사와 함께 짝을 이루어 재입수하여 선체로 들어갔다. 한 명이 철문을 홀 쪽에서 반쯤 당겨서 잡아줘야만, 다른 한 명의 잠수사가 객실 출입문을 들어 올려 내부로 진입할 수 있기 때문이다. 차후에 이 홀 출입 철문은 철거시켰다.

　아이들을 데려가기 위해 한 학생의 팔을 잡았다. 그런데 그들 모두 서로의 몸을 끌어안다시피 하며 엉켜있었다. 차마 엉켜있는 아이들을 억지로 떼어낼 수가 없었다. 조준 잠수사는 아이들을 달래듯 엉킨 팔을 풀고 한 명을 떼어내 철문을 잡고 있던 짝 잠수사에게 건넸다. 그리고 다시 또 한 명을 달래어 안고 뭍으로 올라왔다.

　아이들이 마지막 순간까지 모여있던 그 방은 그의 가슴속에 남아 영원히 열리지 않는 철 감옥으로 기억될 것이다. 그 철 감옥은 세월호참사의 진실과 한 맺힌 슬픔을 묻어둔 채 여전히 닫혀있다.

물속에서 가장 편안한 사람 그러나…

조준 잠수사는 잠수사 중에서도 베테랑 잠수사로 꼽힌다. 젊은 시절부터 다양한 분야의 잠수 관련 직종에 종사했기 때문에 그의 이름 앞에는 많은 수식어가 붙는다. 산업잠수사, 스킨스쿠버다이빙 강사, 전라북도 수중·핀수영협회 부회장 등. 그렇게 물과 잠수는 그의 삶 전부라고 해도 과언이 아니다.

그가 잠수와 인연을 맺은 것은 20대 초반이던 1982년이었다. 처음에는 레저 활동으로 스킨스쿠버 다이빙을 배워 친구들과 주말마다 다이빙을 하러 바다로 나가곤 했다. 그러다가 1988년 대한수중협회에서 강사 자격 취득과 함께 전북 수중협회를 구성하여 운영해 왔다. 전북 수중협회는 서울, 대구에 이어 우리나라에서 세 번째로 결성된 수중협회이다.

당시는 119가 없던 시절이어서 수난 사고가 나면 '협회'로 시신 수습 요청이 들어오곤 하였다. 협회로 연락이 오게 되니 시신 수습을 돈 받고 할 수는 없었다. 그렇게 전북권 수난 사고 및 익사자 수습을 많이 경험하게 되면서 시신 수습에 대한 거부감이나 공포감은 없는 편이었다. 하지만 세월호참사는 희생자의 대다수가 어린 학생들이라 너무 가슴 아픈 사건이었다. 상황도 악조건인 데다 위험한 수색 잠수로, 전문 잠수사로서의 사명감이 아니고는 할 수 없었을 것이라 여겨진다.

레저스포츠로 스킨스쿠버 다이빙을 하면서 바닷속에 잠겨 중성 부력을 맞추고 천천히 유영을 하다 보면, 물속 세계의 아름다움과 물 부력으로 인한 무중력의 자유는 육지 위의 세상과는 다른 평온함을 느끼게 한다. 그 물속에서 떼 지어 지나가는 물고기들은 친근한 이웃 같고, 조류에 흔들리며 춤추는 해조류와 바닷속 고요한 정적은 그에게 완전한 자유를 가져다주는 것 같았다.

80년대 서해안에서는 키조개 채취가 붐을 이루고 있었다. 조준 잠수사는 키조개 채취 작업을 직업으로 삼으면 경제적 문제도 해결되고, 협회를 운영하며 레포츠 활동도 즐길 수 있으니 일석이조의 효과를 거둘 수 있겠다고 생각했다.

키조개 작업도 차츰 깊은 수심으로 들어가 작업을 하게 되는 일이기 때문에, 하루 8시간 잠수 중 절반은 잠수병 방지를 위해 감압을 해야 할 정도로 힘든 작업이다. 깊은 바다에서 잠수를 할 경우 올라오면서 충분히 감압을 해주지 않으면 혈액 속에 녹아있던 질소 기체가 팽창하면서 혈관을 압박하여 잠수병을 유발하게 된다. 이 잠수병이 누적되면 장기적으로 무혈성 괴사, 골괴사로 발전하게 되는 것이다. 그러기에 수심 대비 잠수 시간에 따른 감압은 절대적으로 필요하다. 따라서 30m 이상 심해 잠수를 해야 하는 키조개 채취 작업이나 수중 공사를 하는 산업 현장에서는 잠수사의 안전을 위해 감압 시설을 갖추는 것은 물론, 감압과 휴식을 취할 수 있는 충분한 시간이 주어져야 한다.

체계도, 일관성도 없던 참혹한 현장

4월 16일, 아침 일찍 보길도에서 잘 아는 친구로부터 전화가 왔다. 그가 자주 다이빙을 하던 병풍도에서 사고가 났으니 빨리 가보라는 것이었다.

그날 다른 수중 촬영 건이 예약돼 있었고, 또한 세월호와 같은 대형 사고는 체계적이고 일관적인 통제하에 이루어져야 한다고 여기고 있었기 때문에 조금 지켜보자고 했다. 그러나 언론을 통해 획일성도, 구체적인 계획도 없이 상부에 보고하는 것에만 충실하다가 골든 타임을 놓치는 것을 보고는 자진해서 가지 않을 수 없었다. 우선 사고 해역을 누구보다 잘 알고 있기도 했고, 수난 사고 수습 경험이 많은 자신과 같은 잠수사가 가야 한다는 생각이었다.

'병풍도'는 조준 잠수사가 줄곧 다이빙을 하러 다녔던 곳이라 잘 알고 있는 장소였다. 서해와 남해의 경계 해역으로서, 남북으로 길게 형성된 섬이다. 동쪽은 병풍처럼 절벽이 길게 펼쳐져 있어, 아침 햇살에 바라보는 동쪽 절벽은 정말 장엄하게 보인다. 그런데 세월호는 왜 병풍도 동쪽 앞을 지나던 중에 병풍도로 급격히 방향을 전환하여 절벽으로 돌진했는지, 그 이유는 지금도 밝혀지지 않아 더욱 의문을 증폭시킨다.

과거 조준 잠수사는 보길도에서 병풍도까지 3m 앞도 보이지 않는 짙은 안개 속에서 방향을 잃고 헤맨 경험이 있다. 우여곡절 끝에 병풍도에 이르니, 병풍도를 기점으로 서쪽은 너무나 청명한 날씨였다. 그런데 그 짙은 안개가 서풍에 날리듯 병풍도 능선을 따라 춤추듯 휘감기며 환상적인 풍경이 펼쳐졌다. 그만큼 그쪽 해역은 서·남해안의 경계 지역으로서 날씨를 예측할 수 없고, 조류가 빠르게 회전하면서 속물과 뒤엉겨 물은 탁하고 냉수대가 형성되어 차갑다.

21일 참사 현장에 도착해 보니 세월호가 침몰한 주변의 하늘과 바다는 도시보다 더 혼잡했다. 잠수를 위한 장치는 목포에서 출동한 매우 작은 '금호' 바지선 1척이 있었다. 덩치 큰 함들도 많이 있었지만 멀리 떠있고, 작은 배들과 보트들만 분주하게 돌아다닌다. 세월호 앞부분에 대형 리프트 백이 매달려 있고, 선체로 잠수하기 위한 연결 줄은 한 개만 설치되어 있었다.

바다는 온통 검은 기름띠가 퍼져있어 배들의 옆구리는 끈적한 기름이 묻어있고, 세월호 선체에서 계속 품어져 올라오는 중유는 흙탕물 같은 바닷물과 함께 뒤엉키며 지옥과 같은 처참한 장면을 그려내고 있었다. 함께한 동료들은 그 상황에서 입수할 엄두도 못 내고, 일단 혼자 한곳에 설치된 연결 줄을 잡고, 새로 설치할 로프를 가지고 입수하니 수심 1m도 안 돼 아무것도 보이지 않는다. 빠른 조류에 그의 몸은 날리듯 수평으로 밀린다. 팔 힘으로 줄을 잡고 선체에 이르러, 난간을 잡고 옆으로 15m 정도 이동하여 로프를 연결한 후 상승하여 수면에서 부이를 매달고 보트에 올라와 곧 다시 잠수를 했다. 선체 내부나 복도를 찾아 추가로 연결을 해놔야 수색이 가능해지기에, 재잠수하여 간신히 창문 옆에 줄을 묶어놓고 줄을 따라 상승했지만, 조류가 거세지며 더는 잠수를 할 수 없어 회항했다.

다음 날 밧줄과 망치를 준비하여 잠수를 하기 위해 현장에 출동했으나, 전날 조준 잠수사를 비롯한 민간잠수사들이 설치한 연결 줄을 잡고 잠수했던 군인이 물속에서 사고를 당하는 일이 발생했다. 조류가 빠른 곳이라 경험이 많은 잠수사도 심리적 부담이 만만치 않은데, 시야도 보이지 않는 탁한 물속에서 그 부담감이 컸으리라 생각된다. 그 사고로 민간잠수사들에게 퇴거하라는 명령이 떨어져 일단 현장에서 철수하였다. 24일에 다시 투입 요청이 들어와 그날부터 본격적인 수색 작업에 들어갔다.

조준 잠수사는 세월호참사가 발생하기 전까지 무려 32년이라는 긴 세월 동안 여러 분야의 전문 잠수사로 살아왔다. 다양한 작업을 하는 과정에서 때론 무리하게 잠수를 감행하는 일도 있었지만, 그래도 대

부분의 현장에서 감압 등 안전 수칙을 지키며 일을 했기 때문에 신체적으로 큰 문제가 발생하지는 않았었다.

그런데 세월호 현장은 30년이 넘는 경력을 가진 조준 잠수사로서도 이해하기 힘들 정도로 참사 초기에는 잠수사들을 위한 안전 환경이 전혀 갖추어지지 않았다. 잠수 후 추위를 피할 곳도 없었으며, 심해 잠수에 꼭 필요한 감압 시설은 생각할 수도 없었다. 체력 소모가 많은 잠수사가 먹을 음식도 제때 지원이 되지 않았다. 할 수 없이 컵라면 등으로 때우며 작업을 이어나갔다. 나중에 언딘 리베로 바지선이 들어오면서 감압을 위한 챔버 장비가 들어오긴 했지만, 조류가 전국에서 가장 빠른 맹골수로에서 물때에 맞춰 잠수를 하루 4차례씩 하다 보면 감압 및 휴식은 정상적으로 할 수가 없었다. 그러한 사정은 다른 동료 잠수사들도 마찬가지였다. 처음에는 의욕과 사명감, 책임감으로 열악한 환경을 참으며 작업을 했으나 피로가 누적되면서 반복적인 수면 부족은 차츰 불면증이 되어 수면제를 복용해야 잠시나마 잠을 이루는 지경에 이르렀다. 그러나 경험이 많은 정예 요원만 투입하다 보니, 부족한 잠수 인원에다 애타게 희생자 수습을 기다리는 가족들의 절규 앞에서 안전 수칙을 운운하고 쉰다는 것은 사치로 느껴질 정도였다. 그분들

앞에서는 밥을 먹는 것조차 미안하고 죄송하게 여겨졌다.

맹골수로의 수온은 낮았지만, 시간이 지나면서 희생자의 주검이 차츰 부패되어 갔다. 물에 불어 몸집은 커지고, 눈 안에 흡수된 바닷물은 계속 팽창하다가 나중에는 터져 안구가 함몰되었다. 피부가 탄력을 잃으면서 머리카락은 다 뽑혀나가 선체 내부를 떠다녔다. 이런 아이들이라도 수습해 올라오면 부모들은 옷가지를 보고 자기 아이인 줄 알아본다. 형체를 알아볼 수 없는 시신을 잡고 오열하는 유가족들을 보며, 그때까지도 수습하지 못한 가족들은 부러워하며 위로를 보낸다.

그렇게 유가족들의 슬픔을 못 본 체할 수 없어 잠수사들은 건강도 챙기지 못하면서 수습 작업을 했지만 잠시 태풍을 피해 피항을 나왔다가 들어가는 날인 7월 10일, 해경의 문자 한 통으로 현장을 떠날 수밖에 없었다.

현장을 떠난 이후

세월호가 침몰한 현장은 수심 40m가 넘는 곳으로 만조 시에는 수심이 47m까지 나오는 깊은 바다이다. 그곳에서 일한 후 조준 잠수사는 결국 골괴사 판정을 받았다. 진단 결과는 양쪽 어깨 모두 무혈성 괴사가 발생하여 수술이 필요하다는 것이다. 거기에다 예전에는 없던 목 디스크까지 겹쳤으니 산업잠수사 일은 더 이상 이어나갈 수 없게되었다.

신체적인 고통은 어느 정도 참을 수가 있지만 수시로 찾아오는 정신적 고통은 견디기가 쉽지 않았다. 잠을 청하기 두려울 정도로 눈만 감으면 세월호 선실 여기저기를 수색하고 있는 자신을 발견하곤 한다.

그리고 현장에서 마주쳤던 희생자의 얼굴이 떠오르며 그들이 자신을 향해 함께 가자고 손을 내미는 듯한 착각을 일으킨다.

정작 세월호 현장에서 희생자를 찾아 가족들에게 돌려보낼 때는 공포감을 느끼지 않았었다. 어린 학생들을 한시라도 빨리 보호자에게 데려다주어야 한다는 일념뿐이었다. 그런데 시간이 지나면서 당시에는 잊고 넘어갔던 기억들이 스멀스멀 되살아나면서 목을 조여 오는 느낌이 든다.

참사 현장에서 선실 내부를 수색하다 보면 예상치 못한 곳에서 희생자의 주검을 맞닥뜨릴 때가 간혹 있었다. 때론 선실 수색을 마치고 뒤로 돌아서는데 느닷없이 희생자의 얼굴이 코앞에 나타나는 경우도 있었다. 그럴 때는 자신도 모르게 목젖에서 '허걱' 하는 소리가 튀어나오게 된다. 몸이 거의 맞닿은 상태에서 희생자의 눈과 정면으로 마주하면 놀라지 않을 사람은 없을 것이다. 각오한 일이기는 하지만 갑작스러운 주검과의 조우는 조준 잠수사 같은 베테랑 잠수사에게도 쉬운 일은 아니다. 하지만 놀라는 것도 잠시, 희생자를 무사히 수면 위로 이동시켜야 한다는 일념 때문에 공포감을 느낄 겨를도 없다. 온몸으로 주검을 끌어안고 선체 밖으로 나오는 동안 오히려 포근한 느낌이 들기도 한다. 때로는 살아있는 사람인 양 속삭이는 말을 듣는 듯한 느낌을 받기도 했다. 희생자로부터 들려오는 목소리도 다양했다. '꺼내줘서 고마워요'라는 감사의 인사부터 '너무 늦었어요'라는 다소 원망 섞인 목소리까지. 그리고 어느 때는 '더 안쪽으로 가면 내 친구들이 있어요'라는 목소리가 들리는 경우도 있었다. 혹시나 하는 마음에 다음 차례 수색에서 희생자가 들려준 위치에 가보면 실제로 또 다른 희생자를 만나기도 했다.

시신을 수습해 본 경험이 많은 잠수사들 사이에서는 '수중에서 절대 주검과 눈을 마주치지 말라'는 이야기를 한다. 수색 잠수 시 온몸에 긴장과 신경을 집중하고 있어 눈을 마주치게 되면 그 순간 몸에 새겨지듯 온몸에 기억되어 평생 잊을 수 없기 때문이다. 현장에 있을 때는 기억하지 못했던 그런 장면들이 시간이 지나면서 불쑥불쑥 떠오른다. 한번 떠오른 장면은 잊으려 애를 써도 잔상으로 남아 좀처럼 사라지지 않는다. 결국에는 술이나 약의 힘을 빌려야 간신히 잠을 잘 수 있는 지경이 되었다.

목숨을 건 위험한 작업 방식

조준 잠수사를 비롯한 민간잠수사들이 선택한 표면 공급식은 잠수 방법 중에서 가장 위험한 방식이다. 국제적인 안전 수칙에 따라 작업한다면 규격에 맞는 헬멧을 쓰고 비상시를 대비하여 보조 공기통을 등에 멘 상태에서 수중 수색을 하고, 충분한 감압과 휴식 시간을 가져야 한다. 하지만 보조 공기통까지 메고서는 선체 내부 좁은 구석구석을 진입할 수가 없기 때문에 조준 잠수사와 동료들은 그러한 방식을 쓸 수가 없었다. 그들은 외부공기주입식 수중 전면마스크만을 착용하고 작업을 수행했다. 보조 공기통이 없으니 만일 외부에서 에어컴프레서 고장이 나거나 공기호스에 킥이라도 발생하면 수중에서 작업하던 잠수사는 아무런 대책 없이 목숨을 잃을 수도 있다. 공기를 공급하는 호스를 탯줄이라는 의미의 엠브리컬(umbilical)이라고 부르는 이유도 거기에 있지만, 잠수 활동의 효율성과 좁은 구석을 수색하기 위해서 부득이 선택하지 않을 수 없었다.

일반 잠수사들도 개인 장비 중 하나로 보조 공기통을 늘 가지고 다닌다. 그럼에도 불구하고 세월호 수색에 참여한 민간잠수사들이 아무런 안전 장비도 없이 공기호스 하나에 의존하는 표면 공급식으로 작업을 진행한 데는 이유가 있었다. 한마디로 자신들의 안전보다 희생자 수습이 더 절실하고 급하다고 생각했기 때문이다. 졸지에 가족을 잃고 오열하는 유가족을 위해 어디든 들어가 빠른 수색을 해야 한다고 생각했다.

보조 공기통과 헬멧을 착용하고는 옆으로 누워버린 세월호 선체 안으로 진입하는 것조차 어려운 상황이었다. 특히 선실로 이어지는 통로에는 시설물들이 무너져 내려 장애물을 제거하지 않으면 이동을 할 수 없는 곳이 많고, 구석진 곳도 있어 애당초 안전 장비를 갖추고는 작업 자체가 불가능했다. 반면 해군과 해경 요원들은 규정에 따라 안전 장비를 착용하고 작업에 임했다. 그 때문에 선내 진입 작업은 거의 대부분 민간잠수사들이 맡고, 해경은 처음부터 선체 밖에서 민간잠수사를 돕는 역할을 하게 된다.

그러한 상황에서 웃지 못할 일이 벌어지기도 했다. 작업이 한창이던 당시 박근혜 대통령이 현장을 방문한 적이 있었는데, 해경 책임자는 민간잠수사들을 눈에 띄지 않도록 컨테이너 숙소에서 나오지 못하게 해놓고, 헬멧과 공기통을 착용한 해경 잠수요원들을 바지선 위에 보란 듯이 대기시켜 놓았다. 그날 뉴스에는 대통령이 해경 잠수요원과 악수를 하는 영상이 크게 보도되었다고 한다. 실제 세월호 선체 내에서 희생자를 수습한 이들은 민간잠수사들이었는데, 수색 작업까지 중단시키고는 보여주기식의 쇼를 벌인 것이다.

그 뉴스를 접하고 조준 잠수사를 비롯한 동료 민간잠수사들의 입에서는 헛웃음이 터져 나왔다. 그러나 어이없고 황당한 일이긴 했지만, 조준 잠수사와 동료들은 해경 관계자들을 이해하려 했다. 그들은 공무원으로서 국가조직의 높은 사람들에게 잘 보일 필요가 있었다. 그러한 퍼포먼스는 자신의 승진이나 조직의 보호를 위해서도 필요한 일이었을 것이다. 그러니 사실대로 핵심적인 희생자 수습은 민간잠수사들이 수행하고 있으며, 해경은 보조 작업을 하고 있다고 보고할 수는 없었을 것이다. 어차피 민간잠수사들은 승진할 일도 없고, 권력자에게 잘 보일 필요도 없으니 그날의 일은 그저 웃지 못할 해프닝 정도로 넘기기로 하였다. 하지만 수백 명의 희생자를 낸 참사 현장에서조차 권력자에게 잘 보이려는 그러한 작태에 대해서 쓸쓸한 마음과 함께 슬픔이 느껴지기도 했다.

그런데 그 뉴스가 퍼져나간 후 일반 시청자들은 모든 잠수사가 해경 요원들처럼 안전 장비를 완벽히 갖추고 작업을 하는 것으로 오해를 하게 되었다. 그 또한 사실과는 다른 왜곡보도의 하나였다.

훗날 조준 잠수사는 한 다큐멘터리 감독과의 인터뷰에서 안전 장비도 없이 표면 공급식 방식으로 작업할 수밖에 없었던 이유에 대해 다음과 같이 설명했다.

"사실은 우리가 택한 잠수 방식이 가장 위험한 것이었어요. 그렇게 할 수밖에 없었던 이유는 좁은 공간에 들어가 수색을 효과적으로 하기 위해서였어요. 그래서 보조 탱크도 착용하지 않고 들어갔죠. 보조 탱크를 착용하면 걸리는 게 많아 오히려 더 위험해질 수도 있고, 좁은 공간을 비집고 들어가서 수색을 해야 하는데 장비에 걸리는 게 많으면 세밀하게 수색을 할 수가 없어요. 스쿠버로도 또한 할 수 없는 거죠."[1]

1_ MBC 다큐스페셜 「로그 북 세월호 잠수사들의 일기」(2018. 4. 23. 복진오 감독) 중에서

그의 말처럼 민간잠수사들은 자신의 생명보다도 어린 희생자를 찾는 것을 우선으로 했던 것이다.

죽음의 문턱을 넘나들던 순간

보조 공기통 등 안전 장비 없이 작업을 했던 민간잠수사들로서는 여러 차례 위험한 순간을 경험해야 했다. 수색 작업 초기에는 잠수가 이루어지는 바지선에 대한 통제가 제대로 되지 않아 관계자 이외의 많은 사람이 오가면서 잠수사들의 생명줄이나 마찬가지인 공기 호스를 밟고 다니기도 하고, 기자들은 촬영한다면서 작업 현장을 가로막는 경우도 있었다. 생각해 보면 정말 끔찍한 일이 아닐 수 없었다.

실제로 조준 잠수사는 장비 불량으로 선체 안에서 호흡기가 빠져나가 호흡을 할 수 없는 일촉즉발의 위기에 처한 적도 있었다. 수습 작업이 어느 정도 진행된 5월에 있었던 일이다. 해경에서 제공한 수중 전면마스크 등 새 장비로 교체한 날이었다. 조준 잠수사는 새로운 장비를 착용하고 수심 40여 m를 넘게 내려가 세월호 선내로 진입하여 수색을 마치고 상승할 때였다. 제대로 조립되지 않은 호흡기가 어떤 물체에 걸리면서 떨어져 나간 것이다. 계속 2개 조로 운영되고 있었지만, 다른 조는 마침 잠수를 하지 않고 있어서 천만다행이었다. 아무것도 보이지 않는 시야와 뒤엉켜있는 줄, 잡동사니 등으로 호흡기는 찾을 수도 없었다. 숨이 막혀왔지만 그는 당황하지 않고 순서에 따른 대응으로, 선내에서부터 생명줄을 잡고 또 감긴 호스도 풀어가면서 헤쳐 나올 수 있었다.

이러한 상황에서는 통신이 두절되기에 육상에서도 감지를 하고 있었다. 모두가 당황하여 바지선 난간에 서서 바다 쪽으로 랜턴을 비추며 조준 잠수사가 떠오르기를 초조하게 기다렸다. 한참 후 마침내 조준 잠수사의 모습이 보이자 가슴 졸이며 지켜보던 동료들의 입에서는 안도의 한숨이 새어 나왔다. 만일 초보 잠수사였다면 당황하여 대처할 방법을 찾지 못했을 것이나 평소 훈련과 연습, 그리고 오랜 경륜이 탈출을 가능하게 했다 여긴다.

조준 잠수사로서는 그날의 사고가 죽음의 문턱을 넘나들었던 절체절명의 위기였지만, 다른 잠수사들의 장비를 철저하게 재점검하는 계기를 만들어 역설적으로 동료들의 사고를 미리 막을 수 있었다.

"형 아니었으면 더 큰 사고가 날 뻔했어."

민간잠수사들은 그 이후 장비 점검을 더욱 철저히 하게 되었고, 장비로 인한 추가 사고를 예방할 수 있었다. 몸을 회복한 후 동료들은 그에게 '완전 물밥 체질'이라며 농담 섞인 격려의 말을 해주었다.

자연의 바닷속을 지키기 위하여

조준 잠수사는 세월호참사를 겪기 전부터, 다양한 사회적인 문제에 관심을 갖고 참여해왔다. 젊은 시절부터 오랜 세월 동안 전국의 바다를 누비며 생활하다 보니 본의 아니게 많은 문제점을 발견하게 되었다. 그는 그러한 문제에 대해 눈 감지 못하고 언론에 알리거나 스스로 그 문제점을 분석하고 개선책을 모색하는 등 적극적으로 대처해왔다.

새만금 방조제 공사가 진행되던 당시에는 부실 공사로 인해 수중에서 시설물이 무너지는 현장을 촬영하기도 했다. 나중에 그 영상은 MBC 방송 탐사보도에서 방영되었으며, 담당 기자는 그해의 기자상을 받기도 했다. 또한, 그는 수중 환경오염 및 수중 생태계 파괴 현장을 촬영하고 꼼꼼하게 기록하여 이를 세상에 공론화하기 위해 노력하였다. 최근 환경오염에 대한 많은 관심과 개선의 노력이 폭넓게 진행되고 있지만 아직까지 해양 수중 환경오염 및 생태계의 문제는 그다지 주목을 받지 못하고 있는 것이 현실이다. 바닷속은 육지에서 보이지 않아서 해양 오염이 어느 정도 심각한지 확인하기가 어렵기 때문이기도 하다. 지금은 세월호 인양까지는 됐지만, 사실 아직도 그 바다 밑에는 많은 컨테이너와 엄청나게 많은 조명탄, 낙하산 등의 잔재들이 그대로 남아있다.

조준 잠수사는 해양 오염 실태를 촬영한 영상과 자료를 정리하여 방송국에 제보하고 담당 기자와 함께 조사에 착수하는 단계까지 추진한 바가 있었으나 관련 단체의 비협조로 중단된 적이 있었다. 또 문제 지적에 대한 공무원들의 반감은 오히려 그를 기피 인물로 낙인을 찍어 적지 않은 어려움을 겪기도 했다.

현재 해양 관련 법규는 오래전 일제강점기 시절에 만들어진 법이 지금까지 그대로 시행되고 있다. 그러하다 보니 특정한 세력이 해양자원을 배타적으로 독점하는 경우가 많아 바다가 사유화되어가고, 그들을 위한 특혜는 더 많아졌다. 특히 어족자원을 말살시키는 데 수산업법이 일조를 하고 있는 실정이다.

이에 바다를 터전으로 살아온 조준 잠수사는 이러한 현실을 그대로 보고만 있을 수는 없어 나름 문제점을 드러내고 개선하기 위한 노력을 해왔던 것이다. 비록 또다시 기피 인물로 낙인찍히더라도 조준 잠수사는 앞으로도 그러한 노력을 계속해 나갈 계획이다.

세월호참사는 그동안 조준 잠수사가 겪었던 수많은 일 중에서 가장 충격적이며, 가장 큰 문제점을 숨기고 있는 사건이다.

개인적으로도 정당한 보상과 명예회복을 해야 하는 상황이지만, 다시는 그러한 일이 발생하지 않도록 문제점을 발견하여 개선하려는 노력이 계속되어야 한다고 믿는다. 과거 '위도 페리호' 사건을 경험했으면서 아직도 대형 사고에 대한 매뉴얼조차 없는 것은 부끄럽기 짝이 없는 일이다. 이러한 비극이 다시는 반복되지 않으려면 사고 시 체계적으로 대응할 수 있는 매뉴얼은 꼭 준비되어야 한다.

그는 앞으로의 삶을 동료들과 함께 힘을 모아 세월호참사의 진실을 밝히고 억울하게 죽어간 희생자들의 한을 조금이라도 풀어주는 데 헌신할 각오이다. 세월호가 침몰하는 동안 철 감옥에 갇힌 채 최후까지 사투를 벌였던 어린 학생들을 생각할 때마다 그의 결심은 더욱 굳어져 갈 것이다.

끝나지 않는, 않아야 하는 아픔

조준 잠수사는 평소 자기 생각을 글로 적으며 정리하는 습관을 가지고 있다. 늘 메모하고 기록하는 그의 습관 덕분에 세월호 희생자 수색 작업의 세세한 내용을 담은 로그 북도 완성될 수 있었다. 또한, 그에게 글쓰기는 수시로 찾아오는 정신적 트라우마를 조금이나마 극복하고 안정을 찾게 해주는 역할을 하기도 한다.

그는 세월호 수색 작업 현장에서도 글을 썼다. 희생자들을 생각하며 안타까운 마음을 적기도 하고, 무책임하기만 했던 소위 힘 있는 권력자들에 대한 분노를 글로 표현하기도 하였다.

그중 조준 잠수사의 심정을 가감 없이 표현한 자작시 한 편을 여기에 적어본다. 아이들이 그토록 열고 싶어 했던 철 감옥의 견고한 문을 언젠가 활짝 열어젖히는 그 날을 위해….

나는 세월호 잠수사다

🔥 끝나지 않는,
않아야 하는 아픔

어찌할꼬! 어찌할꼬⋯.
잊지 말고 기억되어야 할 아픔
잊지 않고 품어야 될 원망
잊지 말고 되새겨야 할 뉘우침
잊지 않아야 언제나 살아나는 청아한 여린 영혼들

그러나
수색잠수를 한 당사자
그 끔찍한 상황만은 잊어야만 살 수 있으니⋯
이미 상실되지 않는 고통으로 새겨져 있어
살을 에는 고통보다
죽음보다 아픈 고뇌를 극복하기 위해
어쩜 잊어야 되오니⋯
그들의 영혼을 달래며
나의 영혼도 가꾸어 만들어지기를⋯

유가족은 상처로 새겨진 고통이 영원히 계속되고,
우리도 사실상 지워지지 않는 아픔은 고통으로 계속될지니⋯

— 세월호 민간잠수사 조준

진국 같은 사람

🌙 김수열

　김수열(74년생) 해군 SSU 요원으로 복무하면서 잠수와 인연을 맺었다. 그것이 인연이 되어 제대 후 97년부터 줄곧 산업잠수사로 활동하고 있다. 세월호 침몰 소식을 듣고 현장으로 달려가 2014년 4월 19일부터 7월 10일 퇴거 통보를 받을 때까지 수색 및 수습 활동을 하였다.

진국 같은 사람

'진국 같은 사람'

　그를 설명하는데 더 이상의 수식어는 필요하지 않다. 김수열 잠수사를 아는 사람이라면 누구라도 그 말에 고개를 끄덕일 것이다. 굳이 한 마디를 더 보탠다면 김수열 잠수사는 말보다 행동이 먼저인 사람이다. 누군가 힘들다고 말할 때 그는 조용히 자리를 피한다. 그리고 어느새 뒤로 돌아가서 그 힘든 일을 하고 있다. 누군가 지쳐서 주저앉으면 그는 말없이 사라진다. 그리고 잠시 후 다시 돌아올 때 그의 손에는 지친 몸을 추스르게 해줄 무언가가 들려있다. 반면 자신이 힘들고 지칠 때는 내색을 하지 않는다. 그래서 그가 고통을 겪고 있을 때나 이런저런 일 때문에 고민을 하고 있을 때도 주변 사람들은 그 사실을 잘 알아차리지 못한다. 앞에 나서기를 좋아하지 않는 대신 보이지 않는 곳에서 자신의 책임을 다하며, 남들이 하기 싫어하는 일을 먼저 나서서 하는 사람. 그래서 그를 아는 사람들은 하나같이 그를 진국 같은 사람이라고 말한다.

세월호 현장에서도 김수열 잠수사는 그랬다. 세월호 침몰 직후 현장에 참여하여 해경으로부터 퇴거 통보를 받고 떠나야 했을 때까지 그는 늘 거기에 있었다. 세월호 현장에서 그는 늘 무언가를 하는 사람이었다. 정조 시간 사이에 짧은 휴식 시간에도 장비를 점검하고, 다음 정조 시간에 입수할 동료 잠수사를 위해 공기호스 상태를 살폈다. 누군가는 해야 할 일이지만 자발적으로 나서서 하기에는 조금 꺼려지는 일들은 거의 그의 몫이었다.

"특별한 이유는 없었어요. 그저 눈에 보이면 그 일을 하는 거죠. 특별히 희생한다는 생각도 없었어요. 평소에 늘 하는 일이었으니까요."

그는 천성적으로 생색내기를 좋아하지 않는다. 남들보다 궂은일을 많이 한다고 해서 불만을 갖지도 않는다. 그의 말대로 그저 눈에 보이면 묵묵히 그 일을 할 뿐이다.

세월호 현장에서 크고 작은 사고들이 없었던 것은 아니지만, 그래도 25명의 동료 민간잠수사들이 잠수 및 수색 과정에서 위험을 대비하고 큰 사고를 피해갈 수 있었던 것도 김수열 잠수사 덕분이었다고 할 수 있다.

> "현장에 있던 잠수사들 모두 최선을 다했지만 그중에서도 김수열 잠수사는 말하자면… 맏며느리 살림꾼? 같은 사람이었어요. 나서지 않으면서 필요한 일들을 항상 하고 있었어요."

세월호 현장에서 잠수사들과 함께 생활하면서 현장의 모습을 카메라에 영상기록으로 담았던 복진오 감독은 김수열 잠수사를 그렇게 기억하고 있다. 그 때문인지 훗날 복진오 감독이 만든 세월호 현장 다큐멘터리 영화『로그북1』에서 김수열 잠수사의 모습을 찾아보기는 쉽지 않다. 하지만 복진오 감독은 카메라가 비추는 화면 밖에 늘 그가 있었다고 회고하였다.

SSU에서 맺은 잠수사의 인연

김수열 잠수사가 산업잠수사의 길을 걷게 된 것은 해군에 지원하여

1_ 『로그북』: 복진오 감독의 2018년 작품으로 세월호 잠수사들의 현장 활동을 담은 다큐멘터리 영화이다. 2019년 인디다큐페스티벌 관객상 수상, 2018년 10회 DMZ국제다큐영화제 심사위원 특별언급 작품

SSU 대원으로 선발되면서부터이다. 1974년 전북 완주에서 태어나 줄곧 완주와 전주에서 성장했던 그는 입대하기 전까지만 해도 잠수는 커녕 바다를 구경해 본 것조차 몇 번 되지 않았다. 입대 전까지는 자동차 정비와 설비 관련 일을 하면서 막연히 앞으로 기계설비 기술자로 살아갈 것이라고 생각했었다. 그러다가 1994년 입대를 앞두고 평소 군인 중에 가장 멋지다고 생각했던 해군에 지원하였고, 훈련 과정에서 SSU 요원으로 선발되었다. 그것이 잠수와의 첫 인연이 되었다.

"바닷물에 들어가 본 적도 없었는데 신체 조건과 체력이 비교적 좋은 편이어서 선발이 되었던 것 같아요."

김수열 잠수사는 자신의 장점에 대해 말할 때 다소 쑥스러워한다. 하지만 누가 보더라도 그는 해군 특수요원으로서, 산업잠수사로서 최적의 조건을 갖추고 있는 사람이다. 날렵한 몸과 보디빌더 못지않은 근육을 가지고 있으며, 거기에 성실함까지 갖추고 있으니 잠수사뿐 아니라 어떤 영역에서도 능력을 인정받을 만한 인물이다.

약 2년 반 동안 해군 SSU 대원으로 복무하면서 그는 새로운 인연을 만나게 된다. 바로 김상우 잠수사와 전광근 잠수사와의 인연이었다. 김상우 잠수사는 선배로, 전광근 잠수사는 1년 후배로 같은 SSU 소속 요원으로 있으면서 각종 해상 훈련과 구조 활동을 수행했다. 그리고 대선배로서 이미 사회에서 민간 수중잠수 활동을 하고 있던 공우영 잠수사와의 인연도 맺을 수 있었다.

김수열 잠수사는 1996년 여름, 군 복무를 마치고 다음 해인 1997년부터 본격적인 산업잠수사의 길로 접어들게 된다. 입대 전에 했던 자동차 정비와 설비 기술이 있었기 때문에 수중에서 다양한 작업을 소화해야 하는 산업잠수사 작업에도 비교적 잘 적응할 수 있었다. 흔히 잠수사라고 하면 물속에서 편안히 유영하면서 해양 생물을 채취하거나 레저를 즐기는 모습을 떠올리는 사람들이 많다. 물론 그런 영역에 특화된 잠수사들도 있다. 하지만 산업잠수사의 작업 영역은 매우 포괄적이다. 산업잠수사는 수중에서 이루어지는 각종 산업 활동을 소화할 수 있어야 한다. 부두 접안시설, 방파제 건설, 화력 및 원자력 발전소 수중 냉각시설 건설, 수중 콘크리트 타설 수중 용접 등은 물론 손상된 선박을 수리하고 수중에서 부품을 교체하는 작업 등 말 그대로 물속에서 이루어지는 건설, 기계, 선박 등 모든 작업이 산업잠수사의 업무에 속한다. 그런 작업에는 당연히 위험이 수반된다. 선박 수리를 하다가 스크루에 생명줄이 걸리거나, 양생 중인 콘크리트 시설물이 무너져 위험한 상황에 직면하는 경우도 많다. 게다가 이러한 작업들 대부분 맑고 깨끗한 바다에서 이루어지는 것이 아니라 뻘과 각종 부유물이 둥둥 떠 있는 탁한 물속에서 이루어지기 때문에 그 위험성은 더욱 커지기 마련이다. 그 때문에 산업잠수사들은 자신의 생명을 던지는 마음으로 바닷물에 뛰어드는 것이다. 산업잠수사들끼리 하는 말 중에 "저승에서 돈 벌어 이승에서 쓴다."라는 말이 있는 것도 무리가 아니다.

생명을 걸어야 할 만큼 위험한 작업이므로 당연히 보수도 다른 일에 비해 상대적으로 높은 편이다. 그 때문에 체력과 기술 그리고 두려움 없는 모험심을 가진 사람이라면 누구나 한 번쯤 도전해 볼 만한 매력적인 직업이기도 하다. 김수열 잠수사도 자신이 산업잠수사로 일 할 수 있었던 것을 행운으로 여기며 살아오고 있다. 특히 제대 후 처음 산업잠수사로서 참여한 사업이 국내 최대의 해양 건설로 꼽히는 평택 2함대 공사였다는 것도 크나큰 행운이었다. 산업잠수사라고 해서 누구나 초대형 프로젝트에 참여할 수 있는 것은 아니다. 평택 2함대 건립공사에는 부두, 항구, 공단 접안시설 등 다양한 복합시설물 건설이 포함되어 있어 초보 산업잠수사로는 자신의 역량을 키우고 경력을 쌓아나갈 수 있는 최고의 현장이었다. 업계에서도 이 정도의 대형 프로젝트에 참여한 경력을 가진 잠수사라면 실력과 역량을 인정하는 분위기였다.

평택 2함대 현장에서 경험을 쌓은 김수열 잠수사는 이어서 인천 연육교 공사에 참여할 수 있는 기회를 얻었다. 그 현장에서 만난 분이 바로 공우영 잠수사였다. 그 전에도 인사를 드리고 대화를 나누어 본 적은 있었지만, 현장에서 손발을 맞추며 함께 일을 한 것은 처음이었다. 공우영 잠수사는 해군에서 까마득한 대선배님이자 업계에서도 전설적인 인물이었다. 공우영 잠수사는 인천 연육교 현장에서 수퍼바이저로 산업잠수 작업을 총지휘하였고 김수열 잠수사는 같은 현장에서 막내로 일하면서 많은 것을 배우고 경험할 수 있었다.

"저는 운이 좋은 편이었어요. 입문 초기부터 초대형 현장에서 일할 수 있었고, 인천 연육교 현장에서는 업계에서 전설적인 분으로 알려진 공우영 선배님 밑에서 일을 배울 수 있었으니까요."

인천 연육교 건설공사가 마무리될 때쯤 김수열 잠수사는 어느덧 국내 최고 수준의 산업잠수사 명단에 이름을 올릴 정도의 역량을 갖추게 되었다.

삶과 죽음의 경계에서

그해 4월 김수열 잠수사는 오랜 동료 지간인 전광근 잠수사와 함께 울산 현장에 있었다. 마침 그 현장의 작업은 마무리 단계에 접어들고 있던 참이었다. 뉴스를 통해 세월호 소식을 알게 된 것은 그날 오전이었다. 먼저 뉴스를 접한 전광근 잠수사가 '전원 구조'라는 속보를 전해주었는데, 잠시 후 그것이 오보였다는 새로운 속보가 뉴스를 통해 보도되었다. 김수열 잠수사는 그날 저녁 뉴스 화면 속에서 오락가락하는 해경 지휘부의 모습을 보면서 마음속으로 '나의 다음 현장은 바로 저곳이 되겠구나.'라는 예감을 했다.

다음 날 전광근 잠수사가 먼저 현장으로 달려갔다. 그날 저녁 전광근 잠수사로부터 전화가 걸려왔다. 바닷바람 소리가 섞여 소리가 잘 들리지는 않았지만, 현장의 소식을 전하는 광근이의 목소리가 심상치 않았다. 굳이 자세한 설명을 듣지 않아도 어떠한 상황인지 짐작할 수 있었다. 김수열 잠수사는 어제의 예감이 현실이 되고 있음을 직감했다. 그리고 공우영 선배를 비롯하여 여기저기 전화를 돌려 상황을 알아보았다. 그 과정에서 황병주 잠수와 한재명 잠수사가 현장으로 출발했다는 소식을 듣고, 김수열 잠수사도 수트와 장비를 챙기기 시작했다.

다음 날인 4월 18일, 세 사람은 진도에서 합류한 후 곧바로 현장으로 들어가려고 해경 측과 접촉했다. 하지만 해경은 갈팡질팡하기만 할 뿐 현장으로 갈 수 있는 경비정조차 제공해 주지 못했다. 결국, 다음 날인 20일이 되어서야 가까스로 세월호 침몰 현장에 도착할 수 있었다. 현장은 말 그대로 아비규환의 장이었다. 좁아터진 금호 바지선 위에 해경 관계자와 신원을 알 수 없는 수많은 사람이 뒤섞여 정작 먼저 현장으로 들어와 잠수를 하고 있는 동료를 찾기도 힘든 지경이었다. 전광근 잠수사를 만나 이야기를 들어보니 당일 바지선이 설치되어 전날에 비해 그나마 사정이 나아진 것이라고 했다.

잠수가 가능한 인원이 절대 부족한 상태여서 숨을 돌릴 틈도 없이 수트를 갈아입고 첫 탕에 나섰다. 처음 며칠 동안은 해경 잠수요원의 지원도 없었던 상황이어서 민간잠수사 동료와 2인 1조를 이루어 입수를 시도했다. 사실 현장에 도착했을 때만 해도 희생자 인양을 할 것이라고는 생각하지 않았다. 배를 인양하기 전에 기름 누출을 막는 작업을 해야 한다는 말만 들었기 때문이었다. 하지만 첫 탕에서 조우한 것은 바로 4월의 바닷물에 차갑게 식어버린 희생자의 주검이었다.

김수열 잠수사는 첫 탕에서 전광근 잠수사와 함께 입수했다. 물은 얼음장처럼 차갑고 시야는 뿌옇게 서렸다. 직하줄을 따라 수심 48m 부근으로 내려가자 세월호 선체 표면이 손에 만져졌다. 선체 표면을 짚어가며 옆으로 이동하는데 희미하게 객실 창문이 보였다. 좀 더 가까이 다가가 객실을 들여다보니 거기에 붉은빛의 형체가 보였다. 선체가 옆으로 누워버려 천정이 되어버린 창문 유리까지 바닷물이 가득 차 있었고, 거기에 뉴스에서 요란하게 떠들던 에어포켓은 없었다. 붉은색 형체는 라이프자켓을 입은 학생들이었다. 마지막 순간까지 창문을 깨뜨려 보려고 안간힘을 썼는지 학생들의 손은 창틈을 붙들고 있었다. 김수열 잠수사는 자기도 모르게 고개를 돌렸다. 옆에 전광근 잠수사와 눈빛이 마주쳤지만 아무 말도 할 수 없었다. 잠시 후 끝을 뾰족하게 만든 해머를 들어 창문을 두드렸다. 한 번, 두 번, 세 번…. 두꺼운 유리는 쉽게 깨지지 않았다. 숨이 턱 밑까지 차오른 후에야 단단하던 유리창에 금이 가기 시작했다. 그것은 삶과 죽음의 경계를 깨뜨리는 행위였으며, 죽음의 순간을 맞이하는 의식과도 같은 것이었다.

미안합니다

며칠만 일손을 돕다가 돌아가리라 생각했었는데 어느새 계절이 바뀌어 여름으로 접어들었다. 언론에서는 사실과는 무관한 이런저런 이야기가 난무하였다. 청와대 대변인이라는 자의 세월호 잠수사를 모욕하는 막말도 있었다. 가족이나 지인들도 전화를 걸어와 걱정과 우려가 섞인 안부를 전했다. 하지만 김수열 잠수사는 바깥에서 벌어지는 일에 대해서는 일부러 신경을 쓰지 않으려고 했다. 온갖 헛소문과 거짓 보도가 난무하면서 현장의 분위기가 흉흉해지기도 했지만, 그럴수록 그는 자신이 해야 할 일에만 몰두하였다. 간혹 마음이 흔들릴 때가 전혀 없었던 것은 아니었다. 그럴 때마다 공우영 큰형님은 밖에서 떠드는 말에는 관심도 갖지 말라고 조언해 주었고, 김수열 잠수사 역시 외부의 소식에 대해서는 귀를 닫았다.

그즈음 수색이 용이한 넓은 격실에 있던 희생자들은 대부분 인양이 이루어졌다. 하지만 아직 발견되지 않은 희생자들이 세월호 어딘가에 남아있을 것이었다. 외부에서는 세월호 잠수사에 대한 좋은 않은 소문들이 돌고 있었지만, 실종자 가족분들은 그렇지 않았다. 초창기에 다소 격앙되기도 했던 가족분들도 시간이 지나면서 오직 세월호 선체 안에서 아직 나오지 못하고 있는 가족을 만날 수 있기만을 고대하고 있었다. 그 모습을 보면서 다른 생각은 할 수 없었다. 그분들의 간절한 염원을 위해서라도 수색은 계속되어야만 한다는 생각으로 수색하기가 어려웠던 좁고 위험한 선내 공간을 찾아 들어갔다. 그중에는 시설물이 붕괴되어 진입이 거의 불가능한 곳도 있었고, 살짝만 건드려도 2차 붕괴가 일어날 만한 공간도 있었다. 그렇지만 위험하다고 그냥 지나칠 수는 없는 일이었다. 김수열 잠수사도 선내로 진입하여 그동안 수색이 덜 된 공간을 찾아 더 세밀하게 수색을 펼쳤다.

　수온이 올라가면서 희생자들의 주검은 더욱 처참하게 변해갔다. 부패하면서 발생한 가스가 몸에 남아있다가 빠져나가면서 간신히 붙어있던 살이 작은 충격에도 흐물거리며 떨어져 나가는 것이었다. 그즈음 김수열 잠수사가 어렵게 찾아낸 희생자 한 분도 참혹한 모습이었다. 몇 차례 수색을 했던 방이었는데 그 희생자가 침대 사이 좁은 공간에 끼어있어서 앞선 수색 과정에서는 발견하지 못할 상태였다. 침대를 간신히 밀어내고 조심스럽게 희생자 주검을 안고 나오려는데 양손으로 잡았던 희생자의 피부가 주룩- 벗겨져 나가는 것이었다. 그 느낌을 어떻게 표현할 수 있을까. 김수열 잠수사는 그때 전해지던 그 감촉을 지금도 잊지 못한다. 생의 마지막 순간 공포를 피해 침대 밑으로 몸을 숨겼을 그 희생자는 누군가 찾아와 자신을 온전하게 데리고 나가주기를 원했을 터인데….

"미안합니다. 너무 늦게 찾아와서…."

그를 견디게 해준 힘

7월 10일 동료 잠수사들과 마찬가지로 김수열 잠수사 역시 해경으로부터 문자를 받았다. 해고 통보였다. 아직 세월호 안에 미수습 희생자가 남아있는데 높으신 분들에게 그것은 고려의 대상이 아니었던 모양이었다. 현장을 함께 지켰던 동료 잠수사들 모두 분노했다. 김수열 잠수사 역시 화가 치밀었다. 하지만 그는 겉으로 표현하지 않았다. 목포로 내려가 그저 묵묵히 남아있던 장비를 챙겼다. 아무런 계획 없이 현장으로 왔던 것처럼 이번에도 아무런 계획 없이 현장을 떠나야 했다.

세월호 현장을 떠난 후 그는 한동안 일이 손에 잡히지 않았다. 얼마간 삼천포 서울병원에서 허리통증 치료를 받기도 했다. 동료들과 함께 골괴사 검사를 받아본 결과 양쪽 어깨에 0.2mm 정도 골괴사가 진행되고 있다는 판정을 받았다. 다른 현장이었다면 당연히 산재 처리가되었을 터이지만 해경청장이 약속했다는 '산재에 준하는' 보상 조치는허락되지 않았다. 하지만 이번에도 김수열 잠수사는 그에 대한 분노를표현하지 않았다. 자신보다 더 억울하고 훨씬 심한 고통을 겪고 있는선후배 동료들이 있었기 때문이다. 골괴사 판정을 받은 이상 대기업에서 진행하는 대형 프로젝트에는 더 이상 참여가 불가능해졌다. 대기업들은 산업잠수사 채용 시 골괴사 검사에서 아무런 이상이 없다는 것이 확인되어야 합격시키기 때문이다.

얼마 후 그는 국내에서 일자리 찾기를 포기하고 대신 서아프리카의 낯선 나라, 가나로 떠났다. 국내 현장에서 그를 받아주는 곳이 없었지만, 그곳 현장에서는 일할 기회를 얻을 수 있었다. 그곳에서 수행한 업무는 발전소 배관보수작업으로 바닷속에서 배관을 수리하거나 설치하는 일이었다. 김수열 잠수사는 그곳에서 4년간 일을 하고 귀국하였다. 낯선 나라였지만 그곳에 있을 때 마음이 편했다. 무엇보다도 세월호 현장에서 알게 모르게 쌓여있었던 고통스러운 기억들을 희석시킬 수 있었던 것이 좋았다.

하지만 그곳에도 안타까운 소식은 피해가지는 않았다. 친구이자 동료였던 김관홍 잠수사의 불행한 죽음을 접했을 때는 한동안 아무것도 할 수 없었다. 그리고 '나 혼자 도피한 것은 아닐까?' 하는 자괴감이 엄습했다. 하지만 그가 할 수 있는 것은 없었다.

만일 김수열 잠수사에게 사랑하는 아내와 두 아이의 응원이 없었다면 그 역시 트라우마의 깊은 늪으로부터 빠져나오지 못했을지도 모른다. 다행히 그가 힘들어할 때 아내가 그의 곁을 든든하게 지켜주었다. 그리고 철없는 어린아이로만 생각했던 두 아이도 아빠를 믿고 이해해주었다. 그를 견디게 해준 힘은 바로 가족이었던 것이다.

동료들과 손잡고 함께하고자

김수열 잠수사는 지금도 기회가 주어질 때마다 현장에 나가 산업잠수사로 활동하고 있다. 골괴사 판정을 받기는 했지만, 비교적 경미한 편이어서 일하는 데 큰 지장은 없다. 비록 예전처럼 대기업 프로젝트에 참여할 수는 없지만, 그래도 산업잠수사로서 긍지를 가지고 일할 수 있다는 것에 감사한다.

다만 세월호 현장에서 함께 고생했던 동료 잠수사 대부분 현장으로 돌아가지 못하고 있는 모습을 볼 때마다 마음이 아프다. 그동안 세월호 잠수사의 권리를 위해 앞장서지는 못했지만, 앞으로는 작은 힘이나마 동료들과 손잡고 함께 목소리를 내가고자 한다.

김수열 잠수사(왼쪽)

행복한 5월을 꿈꾸던 부부

☾ 한 재 명

　세월호참사 나흘 뒤인 4월 20일부터 7월 10일까지 현장에서 수습 작업에 참여했다. 몸을 사리지 않고 희생자 수습에 나섰던 그는 골괴사와 정신적 트라우마로 인해 더 이상 잠수 일을 할 수 없는 상태가 되었다. 지금은 아내와 함께 경기도 동탄에서 참치 전문점을 운영하며 트라우마 전문치료를 받고 있다.

나의 천직은 잠수사

　한재명 잠수사는 천생 바다와 함께 살아가야 할 운명을 가지고 태어난 사람이었다. 해수욕장으로 유명한 충남 대천 바닷가 마을에서 태어나고 자란 그는 어릴 적부터 바다와 친해질 수 있었다. 그에게 바다는 놀이터이며 운동장이며, 삶의 원리를 터득하는 학교이기도 했다. 중학교 시절에는 요트 선수로 활약하면서 파도를 헤치고 끝없이 펼쳐진 대양으로 나아가는 꿈을 꾸기도 했다.

　그는 바다를 잘 아는 사람이다. 바다에 대해 잘 안다는 것은 바다를 두려워할 줄 안다는 것과 같은 말이기도 하다. 휴가철이 되면 전국에서 수많은 사람이 대천해수욕장을 찾아왔다. 그들은 더운 여름철 시원한 물속에서 즐기기를 원할 뿐 대부분 바다를 모르는 사람들이었다. 즉 바다를 왜 두려워해야 하는지, 얼마나 위험한지 알지 못했다. 군 복무를 마치고 사회에 나갈 준비를 하고 있던 시절, 바다를 잘 아는 그는 바다를 모르고 무작정 찾아온 사람들을 위해 여름철 대천해수욕장에서 인명 구조 활동을 했다. 겁 없이 섣불리 바다로 뛰어들다가 거센 파도에 휩쓸려 위험한 상황에 처하는 사람들이 많았기 때문이었다. 일면식도 없는 사람들이지만 자신의 고향을 찾은 손님 중에 누군가 주검이 되어 돌아간다면 그것은 너무 안타깝고 슬픈 일이지 않은가? 그렇게 그의 손에 의해 구조되어 생명을 구한 이들이 적지 않았다.

지금도 그는 우연히 사고 현장을 목격하게 되면 그냥 지나치지 못한다. 급한 일로 고속도로를 달리다가도 도움을 요청하는 사람이 있으면 반드시 차를 세우고 쫓아간다. 그것은 누가 시켜서도 아니고, 감사의 인사를 듣기 원해서는 더더욱 아니다. 그저 어린 시절부터 바닷가 마을 소년으로 자라면서 자연스럽게 몸에 익은 본능 같은 것이라고나 할까?

나는 세월호 잠수사다

올리지 못한 결혼식

2014년 4월 16일은 한재명 잠수사가 오랜만에 고향 보령을 찾은 날이었다. 한 달 뒤로 예정된 결혼식을 올릴 예식장을 알아보기 위해서였다. 불혹의 나이가 다 되도록 그는 인생의 반려자를 만나지 못했었다. 그런데 놀랍게도 부부의 인연은 멀지 않은 곳에 있었다. 한재명 잠수사와 그의 아내는 초등학교와 중학교를 함께 다녔던 동기동창이었던 것이다. 어린 시절에는 서로를 그저 친구로만 생각했었는데 서로 나이가 들어 사랑을 느끼게 되었고, 부부의 연을 맺기로 한 것이었다. 그동안 '노총각' 소리를 귀가 따갑게 들으면서도 지금까지 기다린 것은 어쩌면 이 여인과 값진 사랑을 만들기 위해 뜸을 들인 것은 아니었을까. 한 달 앞으로 다가온 결혼식에 5월의 신부가 될 예비신부뿐 아니라 한재명 자신도 설레는 마음으로 들떠있었다.

몇 군데 예식장을 돌며 스케줄을 조정하느라 점심시간을 놓치고 조금 늦은 오후가 되어서야 점심을 먹기 위해 식당을 찾았다. 사람들이 눈을 떼지 않고 쳐다보고 있던 TV 화면에는 선수만을 남기고 바닷속으로 잠겨버린 세월호의 모습이 비치고 있었다. 그는 본능적으로 자신이 가야 할 곳이 생겼음을 직감했다.

점심을 먹는 둥 마는 둥 대충 때우고 함께 일했던 동료들을 비롯하여 여기저기 아는 잠수사들을 수소문하며 연락을 취해보았다. 지인 중 사고 현장에 합류한 이들은 아직 없었다. 그는 뉴스에서 전해지는 소식은 극히 표면적이고 불확실한 것일 뿐이라는 것을 알고 있었다. 해난 사고 현장에서 구조나 인양 작업을 해본 잠수사라면 누구나 그랬을 것이었다. '분명 동료 중 누군가는 현장으로 가야 할 텐데….' 골든 타임 일분일초가 아깝게 흘러가고 있었다. 마음이 초조해지기 시작했다. 혼자서라도 즉시 사고 현장으로 달려가고 싶었지만, 결혼을 한 달 앞둔 입장이라 앞장서기에는 가족들이나 예비신부의 눈치가 보였다. 사고 이틀째인 4월 18일, 황병주 형으로부터 연락이 왔다. 마침 술을 한잔하고 있었던 터라 당장 움직일 수는 없었고 다음 날 새벽에 보령을 출발하여 장비가 있는 인천 집으로 급히 차를 몰았다. 집에 도착하여 장비를 챙겨 차에 싣기가 무섭게 다시 황병주 형과 약속한 장소를 향해 달려갔다. 황병주 형에 의하면 빠르면 19일 당일 현장에 들어가 잠수를 시작할 수 있을 것이라고 했다. 보령에서 인천으로 다시 진도로, 연이은 장거리 운전이 다소 무리이긴 했지만 긴급한 상황이니 어쩔 수 없었다.

밤길을 달려 목포에 도착한 후 곧바로 팽목항을 향해 달렸다. 한시라도 빨리 세월호가 침몰한 현장으로 들어가야 한다는 생각뿐이었다. 그런데 현장으로 들어갈 경비정이 이미 떠난 상태이며, 다음 경비정이 올 때까지 목포에서 대기해 달라는 연락을 받았다. 이해할 수가 없었다. 일분일초가 급한 상황에서 즉시 잠수사들을 태워 날라도 부족할 터인데 해경에서는 경비정이 마치 출항 시간이 정해져 있는 정기 여객선이라도 되는 것처럼 기다리라고 하고 있으니…. 여하튼 차 안에서 한숨을 돌리며 잠시 눈을 붙였다. 그러나 잠은 오지 않았다. 흐르는 시간을 잡아둘 수도 없으니 입술만 타들어 갔다. 이럴 줄 알았으면 예비신부를 만나서 자초지종을 이야기하고 미안하다는 말이라도 하고 올걸…. 그런 생각을 하는데 휴대폰이 울렸다.

"결혼식이 한 달밖에 안 남았는데 당신은 안 가면 안 돼?"

"…."

"재명 씨! 재명 씨! 어디야?"

"미안해, 나 지금 목포에 와있어. 당장 급한 상황만 넘기면 넉넉
잡고 일주일이면 돌아갈 수 있을 거야."

그러나 예비신부, 아니 아내에게 한 말은 지켜지지 못했고, 결국 결혼
식도 올리지 못했다. 지금 생각해도 후회는 없다. 다만 아내에게 먼저
말하고 양해를 구하지 못했던 것이 못내 아쉬울 뿐이다. 당시 한재명
잠수사는 모르고 있었지만, 아내의 배 속에는 아기가 자라고 있었다.

차마 말할 수 없었던 희생자의 마지막 모습

진도 앞바다 맹골수도의 조류는 듣던 대로 녹록치 않았다. 입수와
동시에 몸이 쓸려갈 정도로 유속이 강한 것은 물론 시야도 1m 이상
이 허락되지 않았다. 선내에 진입하면 바로 눈앞에 있는 물체조차 구
분할 수 없을 정도로 시계는 더욱 불량했다. 온몸에 돋아있는 털끝을
바짝 세우듯 극도로 예민한 감각으로 선내를 수색해 나갔다.

첫 탕을 시작으로 쉴 새 없이 수색 작업이 이어지면서 한재명 잠수
사의 머릿속에는 오직 한 가지 생각만이 있을 뿐이었다. 어두운 선체
안에서 두려움에 떨고 있을 희생자를 한시라도 빨리 뭍으로 올라올
수 있도록 해야 한다는 것이다. 물론 선체가 이미 침몰하여 생존 가능
성을 기대하기는 어려웠다. 그러나 한재명 잠수사에게는 지금 세월호
선체 안에 있는 희생자들은 여전히 구조해 내야 하는 생존자나 다름
없었다.

희생자들과의 첫 만남은 객실 식당으로 추정되는 장소에서 이루어
졌다. 다섯 명의 학생이 탁자 밑에서 서로를 부둥켜안은 채 구조를 기

다리고 있었다. 선실 내에 그대로 있으라는 선내 방송을 믿고 구조를 기다리던 어린 학생들이 두려움에 떨며 서로에게 의지해 마지막 순간을 맞았으리라. 고통과 두려움에 서로를 얼마나 굳세게 붙들고 있었던지 부둥켜안은 팔이 엔간히 힘을 주어도 풀리지 않았다. 주변에 엉켜 있던 줄을 칼로 자르고 서로를 붙잡은 팔을 돌려가며 7~8번을 시도한 끝에 간신히 한 명의 희생자를 탁자 밑에서 끌어 올릴 수 있었다. 아직 앳된 얼굴의 남학생이었다. 그 학생을 끌어안고 선체 밖으로 나가려고 하는데 왠지 아직 탁자 밑에 남아있는 학생들에게 미안한 생각이 들었다.

"조금만 기다려, 금방 다시 올게."

단지 기분 탓이었을까. 남아있던 학생들이 마치 한재명 잠수사의 말을 알아듣기라도 한 것처럼 어서 먼저 가라는 듯한 표정을 짓는 것이었다.

모든 희생자가 똑같이 애절하고 안타까울 수밖에 없지만, 유독 잊히지 않는 이들이 있다. 4월 어느 날 희생자의 주검을 안고 세월호 선체 밖으로 빠져나와 바지선과 연결한 줄을 따라 상승한 후 수심 20m 정도에서 대기하고 있는 해경 잠수요원에게 인계하려는데 뭔가 걸린 듯이 딸려오지 않는 것이었다. 아무리 보아도 걸릴 것이 없는데 마치 무언가에 홀리듯 꼼짝도 하지 않았다. 희생자의 몸을 더듬어 보니 어느 틈에 그 희생자의 손이 작업을 위해 설치해 놓은 줄을 꼭 쥐고 있는 게 아닌가? 친구들을 두고 혼자 떠나기가 아쉽기라도 했던 것인가.

서로를 구명 재킷의 끈으로 단단히 묶은 채 생을 마감한 이들도 있었다. 그들 중에는 부부나 연인 사이로 보이는 경우도 있었고, 평소 절친 사이로 느껴지는 학생들도 있었다. 아마도 구조를 기다리다 지쳐, 살아도 같이 살고 죽어도 같이 죽자는 각오로 서로를 묶었으리라.

한재명: 행복한 5월을 꿈꾸던 부부

한재명 잠수사는 이들을 묶었던 끈을 잘라내야 할 때마다 마치 살아 있는 이들을 억지로 떼어 생이별을 시키는 것처럼 마음이 아팠다. 한 사람의 희생자를 먼저 수습할 때마다 아직 선체 안에 남아있는 누군가가 발을 붙잡고 함께 데려가 달라고 애원하는 것만 같아서 자꾸만 뒤를 돌아보기도 했다.

천성적으로 타인의 고통을 그냥 지나치지 못하는 성격 때문이었을까, 아니면 사랑하는 여인과 결혼을 앞두고 있어서였을까? 죽음을 앞두고도 함께하려 했던 누군가와 이별해야 하는 희생자들이 마음 아프게 느껴져 한재명 잠수사는 그들을 수습하면서 누구보다 더 많은 눈물을 흘렸다.

단원고 희생자 유가족 중에는 세월호 선체 안에서 아이가 어떤 상태로 죽었는지 알고 싶어 하는 이들이 많았다. 일부 유가족들은 자기 자식을 수습한 잠수사에게 직접 찾아와 '우리 아이가 물속에서 어떻게 있던가요?'라고 묻기도 했다. 그러나 한재명 잠수사는 자신이 보았던 그대로의 모습을 차마 구체적으로 말할 수 없었다. 차오르는 물속에서 허우적거리다 고통스럽게 죽어간 아이들의 처참한 모습을 차마 어떻게 그 부모에게 얘기해 줄 수 있겠는가?

처음 일주일 정도만 참여하리라 생각하고 시작한 수색 작업이 한 달을 넘길 즈음이었다. 잠수를 마치고 잠깐의 휴식 시간에 아내와 통화를 했는데 임신 중이라는 소식을 들려주었다. 수많은 주검과 맞닥뜨리고 있는 와중에도 임신 소식을 들으니 뛸 듯이 기뻤다. 세상을 향해 '드디어 내가 아빠가 된다!'라고 크게 외치고 싶었지만, 유가족들도 함께 있는 현장이어서 소리 내어 좋아할 수는 없었다. 아마 다른 산업 현장이었다면 무리하게라도 휴가를 내서 당장 아내에게 달려갔을 것이다. 하지만 빠듯한 인원으로 쉴 시간도 없이 희생자 수습을 위해 교대로 잠수하고 있는 상황에서 그럴 수는 없는 일이었다.

아내의 임신 소식을 들은 이후 한재명 잠수사는 더욱 세심하게 수중 작업에 임했다. 현장 상황이나 한재명 잠수사 자신이나 이전과 크게 달라진 것은 없었지만, 마음 자세만큼은 분명 달라져 있었다. 앞으로 태어날 아기와 아내를 위해서라도 자신의 몸을 안전하게 보존해야 한다는 사명감이 생겼다. 그리고 새롭게 생명을 받아 태어날 아기를 생각해 조금이라도 더 많은 희생자를 찾아 가족에게 돌려보내리라 마음먹었다. 자신이 다른 이를 위해 도움이 되는 일을 하면 언젠가 그것이 복이 되어 아기에게 돌아올 것이라고 믿었다.

짧은 만남, 슬픈 이별

태풍의 영향으로 수색 작업을 할 수 없을 정도로 파도가 높아지면서 피항 결정이 내렸다. 덕분에 예정에 없던 이틀간의 휴가가 주어졌다. 아내의 임신 소식을 들은 지 약 20여 일이 지난 후였다. 그러나 인천 집으로 향하는 한재명 잠수사의 마음은 무거웠다. '아내에게 어떤 말로 위로를 해야 할까?' 운전대를 잡고 있는 한재명 잠수사는 자꾸만 흐려지는 시야 때문에 몇 번이고 차를 갓길에 세워야 했다.

배 속 아기의 심장이 더 이상 뛰지 않는다는 의사의 말을 듣고 아내는 주저앉고 말았다. 유산이라니…. 한재명 잠수사 역시 온몸이 무너져 내리는 것만 같았다. 잠시 그들 부부의 자녀로 잉태되었지만 세상의 빛도 보지 못한 채 떠나가 버린 아기에게 미안해 가슴이 미어져 왔다. 설레는 마음으로 5월의 신부를 꿈꾸던 아내에게 드레스를 입혀주지도 못했고, 늦은 결혼으로 어렵게 얻은 아기를 지켜주지도 못했다.

아내와 함께 병원으로 가면서도 그는 아내에게 해줄 위로의 말이 떠오르지 않았다. 잠시나마 두 사람에게 행복을 선사해 주었던 아기와의 이별이 너무 가슴 아파서 일부러 아기 이야기는 하지 않았다. 아마 아내도 같은 심정이었을 것이다.

"당신 건강이 먼저야."

아내에게 그 말밖에는 해줄 수 있는 게 없었다. 함께 있어주지도 못하면서 더 이상의 말이 무슨 소용이 있겠나 싶었다. 결혼식도 미루고 아이도 지켜주지 못한 자신을 원망하지 않는 아내에게 고마우면서도 미안했다. 한재명 잠수사는 수술을 마친 아내를 집에 데려다주고 다시 팽목항을 향해 차를 몰았다.

현장으로 복귀한 후 아무 일 없었던 것처럼 다시 수색 작업에 임했다. 그러나 마음 깊은 곳까지 아무 일 없었던 것처럼 지낼 수는 없었을 것이다. 수색 작업 틈틈이 잠깐 휴식 시간이라도 되면 한재명 잠수사는 눈 주위가 붉어지며 먼 산을 바라보곤 했다. 반복되는 수중 작업에 몸은 점점 지쳐가고 누적된 잠수병으로 어깨에 통증이 나타나기 시작했다. 골괴사의 조짐이었다.

그 후에 남은 것

2014년 7월 10일, 한재명 잠수사는 동료들과 마찬가지로 해경으로부터 세월호 수색 현장에서 떠나라는 통보 문자를 받았다. 그것으로 끝이었다. 예정되어 있던 결혼식도 포기하고, 어렵게 얻은 아기와 슬픈 이별을 하면서도 현장을 지키려고 했던 그의 진정성은 문자 몇 줄로 무의미한 소모품처럼 내동댕이쳐진 느낌이었다. 그 이후 한재명 잠수사에게 남은 것은 골괴사라는 치명적인 직업병과 정신적 트라우마였다.

골괴사는 최악의 잠수병으로 불린다. 누적된 잠수로 인해 발병하는 후유증으로 뼈에 더 이상 혈액이 공급되지 못해 뼈조직이 괴사하는 심각한 질병이다. 세월호 수색 작업에 참여한 25명의 민간잠수사 중 골괴사 판정을 받은 잠수사는 한재명 잠수사를 포함하여 현재 8명이다. 그 외에 디스크와 트라우마 등 육체적, 정신적으로 심각한 후유증을 앓고 있는 잠수사가 무려 18명에 이른다.

수심 30여 m 이상의 극한 현장에서 고된 잠수 활동을 하게 될 경우 잠수사는 필연적으로 잠수병에 걸릴 수밖에 없다. 특히 작업 중 적절한 감압을 하지 않으면 골괴사는 더욱 빠르게 진행된다. 이 때문에 해군에서는 잠수사들이 하루에 최대 8시간 이상 잠수 활동을 하지 못하도록 안전 지침을 마련해 두고 있다. 그러나 오직 전문 잠수사만이 할 수 있는 일이라는 자부심 하나로 자발적으로 구조 활동에 참여했던 그들 민간잠수사들은 한시라도 빨리 희생자들을 수습하기 위해 하루에 12시간 넘는 잠수를 강행해야 했다. 바지선 위에서 간절한 마음으로 아이들을 기다리는 유가족들을 보면 피곤함을 호소할 수도, 쉴 수도 없었다. 그렇게 맹골수도의 빠른 물살 속에서 진행된 무리한 작업으로 인해 정상적인 작업 환경이었다면 발생하지 않았을 골괴사라는 질병을 얻게 된 것이다.

심한 통증을 수반하는 골괴사는 완치가 불가능해 평생에 걸쳐 치료를 받아야 한다. 일반적으로 기업의 공사 현장 등에서 작업을 하는 산업잠수사는 산업재해보상보험에 가입이 되어있어 다치거나 사고가 발생하면 산재보험으로 치료비나 보상 문제가 해결된다. 그러나 세월호 현장에 자발적으로 참여했던 민간잠수사의 경우에는 산재 보상의 대상도 되지 못하고 있다.

현장에 있을 당시 해경의 최고위급 인사가 민간잠수사들에게 만일 사고나 부상이 있을 시에는 자신이 책임지고 공무원에 준하는 산재 보상을 받을 수 있도록 조치하겠다고 약속한 바 있다. 그러나 그 약속은 공수표가 된 지 오래다. 국가의 보상금도 받을 수 없다. '의사상자 등 예우 및 지원에 관한 법률'에 의하면 재난 상황에 투입돼 부상을 입은 경우 치료비 지원과 보상금을 받을 수 있도록 규정되어 있다. 그러나 세월호 수색에 참여한 민간잠수사에게 수고비 명목으로 일부 금액이 지급되었다는 이유로 의사상자 대상에서도 제외가 되었다. 당시 한재명 잠수사를 비롯한 민간잠수사들은 돈을 벌 생각으로 그곳에 간 것이 아니었다. 돈을 벌 목적이었다면 안전한 작업 환경과 보다 좋은 조건을 제공받을 수 있는 산업 현장에 남아있었을 것이다. 자원 활동으로 수색 작업에 참여하던 중 생업까지 팽개치고 온 민간잠수사들의 사정을 알게 된 일부 인사의 주선으로 수고비 명목으로 급여가 지급되었다.

현재는 수난구호법에 따라 일부 치료비와 약물을 지원받고 있지만 기한이 제한되어 있으며, 정작 중요한 '골괴사'에 대한 보상 조항은 없다. 또한, 한재명 잠수사와 같이 잠수병으로 생업 활동을 더 이상 하지 못하게 되었어도 이에 대한 보상이나 지원은 전혀 없는 상태이다.[1]

공무원 신분인 해경이나 119 소속 잠수사들은 민간잠수사들에 비

1_ 「평생 짊어질 잠수병…국가한테 버려진 세월호 민간잠수사들」 2019. 4. 22. KBS 보도내용 참조

해 상대적으로 덜 위험한 작업을 했고, 잠수 횟수나 작업 시간이 적었음에도 불구하고 국가에서 책임을 지고 치료비 외에 생계 지원까지 해 주고 있다. 물론 해경이나 119 소속 잠수사들의 노고와 희생은 당연히 그리고 충분히 보상받아야 한다는 사실에는 누구나 동의할 것이다. 그러나 굳이 따져본다면 공무원 신분으로 수색 작업에 참여한 분들은 정해진 의무 규정에 따라 임무를 수행한 것이고, 민간잠수사들은 아무런 의무가 없었음에도 불구하고 자발적으로 참여한 사람들이다. 더 많은 보상은 고사하고 비슷한 수준만큼이라도 국가에서 책임을 져야 마땅하지 않겠는가? 하지만 당시 정부에게 한재명 잠수사를 비롯한 민간잠수사의 존재는 가급적 사라져 주었으면 하는 눈엣가시가 되어있었다.

골괴사로 인한 통증도 견디기 힘들지만, 한재명 잠수사를 더욱 괴롭히는 것은 정신적 트라우마였다. 최근까지도 그는 술과 수면제에 의존하지 않으면 잠을 이루지 못한다. 어둡고 좁은 공간에 들어가면 식은 땀이 흐르고 숨이 가빠져 견딜 수가 없다. 길을 걷다가 중고생 또래의 학생들이 몰려오는 것을 보게 되면 가슴이 철렁했고, 물과 관련된 장면을 보면 어지러움이 느껴지곤 했다. 어렵게 잠을 이루어도 고통은 그치지 않았다. 늘 같은 악몽을 꾸게 되는 것이다. 꿈속에서 그는 아내와 함께 영화관을 찾는다. 백색의 스크린에서는 세월호 희생자들이 물속에서 발버둥 치며 죽어가는 장면이 비친다. 한재명 잠수사는 번번이 같은 꿈을 꾸고 온몸이 식은땀에 젖어 잠에서 깨어난다. 그 장면이 마치 5G 화면처럼 생생해서 전날 먹은 것을 고스란히 토해낸 적도 여러 번 있었다. 그는 지금도 그 꿈을 꾸곤 한다.

챔버에서 감압치료

　다시 예전처럼 산업 현장으로 돌아가 일에 몰입하다 보면 세월호 현장의 기억을 잊을 수 있을 것 같아서 여기저기 단기간의 일자리라도 수소문을 해보았지만, 더 이상 그를 받아주는 현장은 없었다. 그러한 사정은 한재명 잠수사뿐 아니라 동료들이 함께 겪고 있는 고통이기도 하다. '세월호 민간잠수사'라는 꼬리표는 이미 동종 업계에서 금기와 기피의 상징이 되어있었다.

삶보다 더 익숙해진 죽음

　그는 골괴사로 인한 육체적 고통과 정신적 트라우마를 잊기 위해 일부러 울릉도로 떠나기도 했었다. 세상과 조금은 떨어져 새로운 환경에서 생활하다 보면 몸과 마음이 어느 정도 회복될 수 있지 않을까 하는 기대 때문이었다. 다행히 울릉도에서 생활하는 동안 술을 끊고 운동을 하면서 조금씩 트라우마의 고통이 줄어들었다. 술과 수면제에 의존하지 않고는 잠을 잘 수 없었던 증상도 조금씩 나아지고 있었다.

그런데 듣고 싶지 않았던 소식이 전해졌다. 친형처럼 따르던 김관홍 잠수사의 죽음이었다. 가족 이상으로 소중했던 동료이며, 선배인 김관홍 잠수사의 죽음은 그에게 또 다른 트라우마가 되었다. 그것은 자책감이었다. 김관홍 형은 세상을 향해 부당함을 알리며 무책임한 정부와 싸우다 몸과 마음이 만신창이가 되었고, 결국 죽음의 길로 갈 수밖에 없었다는 사실 앞에서 그는 휘청거리며 무너져 내렸다. 어쩌면 관홍이 형이 예정된 죽음의 길로 가고 있는 동안 자신은 혼자 고통을 피하려고 비겁하게 울릉도로 도피했다는 자책감이 더욱 감당하기 힘들었다. 하지만 그가 할 수 있는 일은 없었다. 울릉도를 떠나 냉혹한 현실이 기다리고 있는 인천으로 돌아왔지만, 다시 술과 수면제에 의존하는 시간이 지속되었다.

그 후 몇 차례 자살을 시도했다. 수면제를 먹고 잠든 밤이면 그는 세월호 선실 안을 헤매고 돌아다닌다. 아직 그 안에 남아있는 희생자를 구해 가족의 품으로 돌려보내야 하기 때문이다. 선실 구석구석을 돌아다니다 누군가의 모습이 보이면 그렇게 반가울 수가 없다. '거기 있었구나. 얼마나 찾았는데, 이제 집에 가야지.' 교복을 입은 학생일 때도 있고, 막 걸음마를 뗀 어린 아이일 때도 있다. 때론 서로를 끈으로 연결한 부부일 때도 있었다. 그런데 반가운 마음에 손을 잡으려고 하는 순간 번번이 잠을 깨게 된다. 더 이상 잠은 오지 않고 뒤척이다 보면 익숙해진 '죽음'이 손짓을 한다. 어느새 그에게 죽음은 삶보다 훨씬 더 친숙해져 있었다.

아내의 손에 이끌려 정신과에 입원을 하여 치료를 받았다. 그리고 세월호 유가족과 잠수사들의 트라우마 치유를 돕고 있는 안산온마음센터에 나가면서 지금은 죽음의 유혹을 어느 정도 떨쳐버릴 수 있게 되었다. 이제 그는 하루에도 여러 번 스스로에게 다짐을 한다.

"살아야 한다. 지켜주지 못한 동료들과 우리 부부에게, 잠시 다녀간 아기를 위해, 그리고 더 나은 미래를 위해."

오랜만의 외출

한재명 잠수사, 아니 한재명 셰프는 하루 영업을 모두 마친 후 집으로 돌아가지 않고 다시 주방 냉장고 문을 열었다. 그리고 전날부터 정성껏 숙성시켜 두었던 참치를 꺼냈다. 마블링이 잘 살아있고 단백질이 풍부한 일명 '오도로(참치의 앞쪽 뱃살)' 부위로 큼직하게 썰어 신선도를 유지할 수 있도록 잘 포장하여 아이스박스에 담았다. 매운탕에 쓸 양념과 채소는 별도로 준비해두었다. 한 달에 하루밖에 없는 휴일을 아내와 함께 보내지 못하는 것이 미안했지만, 오늘만은 아내도 이해해 주리라.

가게가 위치한 동탄에서 오늘의 목적지인 가평까지는 적어도 두 시간 남짓은 걸릴 터였다. 한재명 잠수사는 서둘러 차에 짐을 옮겨 싣고 시동을 걸었다. 아침부터 늦은 밤까지 엉덩이를 붙일 틈도 없이 좁은 주방에서 일하느라 몸은 피곤했지만, 오랜만에 동료들을 만나러 가는 그의 마음은 어느 때보다 가볍기만 했다. 그동안 트라우마 치유를 도와준 온마음센터에서 1박 2일 워크숍을 한다는 연락을 받고 일부러 휴일 일정을 조정해 두었다.

한재명 잠수사가 아내와 함께 참치 요리 배달전문점을 시작한 것이 이제 일 년이 되어가고 있다. 참치 전문점을 하고 있던 지인의 권유로 시작한 일이었다. 처음 이 일을 시작해 배우는 과정에서는 칼을 다루는 일이 서툴러 자신의 손가락을 베어낸 적도 많았다. 하지만 이제 참치 요리만큼은 어디에 내놓아도 자신이 있을 만큼 베테랑이 되어가는 중이다.

죽음의 유혹을 이겨내고 새로운 삶을 시작할 수 있었던 것은 지금까지 자신을 믿고 함께해 준 아내 덕분이었다. 한재명 부부는 첫 유산 이후 다시 아이를 가져보려고 많은 노력을 했다. 유명한 병원을 찾아가 인공수정의 가능성을 타진해 보기도 했다. 그러나 더 이상 임신은 불가능하다는 의사의 말을 들어야 했다. 그의 몸이 많이 회복되었으나 아이를 가질 수 있는 상태는 아니라는 것이다. 하지만 부부는 희망을 버리지 않고 있다. 언젠가 이들 부부에게도 분명 새로운 가족이 생길 것이라 믿는다. 그때를 위해 부부는 오늘도 일찌감치 가게 문을 연다.

"평생 잠수만 하던 사람이 관련도 없는 요리사 일을 할 수 있겠어?"
"당연하지. 잠수사나 참치 요리사나 바다와 관련된 일이니까."

이젠 서로 농담도 할 수 있을 정도로 마음의 여유를 찾아가고 있다.

2시간여를 달려 모임 장소인 펜션에 도착하니 이미 여러 명이 모여 있었다. 조준, 김상우, 하규성 선배와 잠수사들의 다큐 영화를 제작해 준 복진오 감독, 그리고 온마음센터에서 치유를 도와주고 계신 분들이 함께 자리를 잡고 있었다. 그리고 곧이어 황병주 선배도 먼 길을 달려와 반갑게 인사를 나누었다. 동료들이 전국에 흩어져 있다 보니 모두 모이지 못한 것이 아쉬웠지만 그래도 너무 반가웠다. 마음이 급했다. 이 자리에 모인 이들에게 빨리 맛있는 참치를 맛보게 하고 싶은 마음에 서둘러 주방을 정리하고 가져온 아이스박스를 열었다.

"재명아! 또 손가락 잘라서 내놓지 마라!"

김상우 형의 다소 짓궂은 농담에 웃음꽃이 피어났다. 그날 모임에서 '한재명 표 참치'는 최고의 인기 메뉴가 되었다. 회를 썰어놓기가 무섭게 빈 접시가 되기를 여러 차례 반복했다. 평생 먹어본 참치 중에서 최고라는 다소 과장된 칭찬이 줄줄이 이어지고 거기에 소주잔이 돌면서 오랜만에 즐거운 시간을 가질 수 있었다. 최고의 안주는 뭐니 뭐니 해도 격의 없이 나누는 대화가 아니었을까? 죽음의 현장에서 시신을 건져 올리는 일을 함께했던 동료들, 그리고 그 이후의 고통을 함께 지켜보며 나누어 온 사람들이기에 속마음을 진솔하게 드러내 보일 수 있었다.

계속해서 동료들의 대화는 이어지는데 쌓였던 피로 때문인지 스르르 잠이 쏟아졌다. 정든 목소리를 자장가 삼아 실로 오랜만에 편안한 잠에 들었다. 이번 꿈에서도 그는 바다를 찾아갔다. 그런데 이번엔 세월호 선내가 아니라 오래전 가스 유전 공사 작업을 했던 아랍에미리트의 한 섬이 꿈의 배경이었다. 아름다운 풍광의 자연과 어우러진 그곳 바다는 마치 낙원과 같았다. 여유롭게 안전한 조건에서 일을 마치고 나면 따뜻한 수온의 바다에 몸을 담그고 천천히 유영을 즐겼다. 유리처럼 투명한 바닷속에서 물고기들이 화려한 색을 자랑하듯 유유히 헤엄을 치면 바다 사나이 한재명도 함께 그 뒤를 따라갔다. 더 이상 악몽이 아닌 아름다운 추억의 꿈이 깨어나지 않고 계속되기를 간절히 바라면서….

위험한 막대 놀이를 멈추어야 할 때

세월호참사 유가족 및 잠수사들의 트라우마 치유를 담당했던 정신과 전문의 정혜신 박사는 현장에 참여했던 잠수사들이 겪고 있는 고통을 '죽음 각인'이라고 했다. 죽음이 일상화된 현장 속에 놓였던 이들은 삶과 죽음의 경계가 모호해지며, 그 경계 너머로 자신을 이끌게 된다는 것이다. 자신이 겪고 있는 고통의 근원이 무엇인지도 모르고 있었던 이들은 정 박사의 말에 비로소 눈물을 터트렸다.[2] 그들의 '트라우마'는 깊고, 여전히 그 트라우마는 계속되고 있다. 국가와 이 사회가 해줄 수 있는 최소한의 책임은 이들에게 그 트라우마의 흔적이 조금씩 옅어질 수 있도록 돕는 일이다. 이 사회와 국가가 '의인'으로 참가한 이들에게 빚을 지고 있기 때문이다.

국가와 이 사회가 이들에게 진 빚을 방기하고 있는 동안 오히려 한재명 잠수사를 포함한 민간잠수사들이 스스로 채무를 떠안고 이를 해결해 나가기로 한 것이다. 미처 찾지 못한 희생자를 위해 그리고 먼저 간 동료들의 명예 회복을 위해, 또 국가적 참사에서 더 이상 억울한 희생자들이 나오지 않는 세상을 만들기 위해서. 하지만 정부와 국회는 이들의 외침에 대해 아직도 대답을 내놓지 못하고 있다. 사람의 생명보다 정치적 이해득실을 더 중요하게 생각하는 이들이 여전히 길목을 지키고 훼방을 놓고 있다.

한재명 잠수사는 정치에 대해서는 알지 못한다. 관심도 없다. 하지만 무엇보다 사람이, 그리고 생명이 중요하다는 사실은 누구보다 정확히 알고 있다. 304명의 억울한 죽음에 대해 아무도 책임지지 않고 있

2_ 「시신 냄새로 더듬어 수색, '죽음 각인'에 짓눌린 잠수사들」 오마이뉴스 2018. 4. 24. 이정희 기자

는 이 사회가 잘못되었다는 것을 알고 있다. 세월호 현장에서 작업 도중 유명을 달리했거나 그 후 스스로 목숨을 버려야 했던 동료들에 대해서도 이 사회가 책임져야 한다는 사실을 알고 있다. 그래서 더 이상은 세월호 선체 안에서 목격한 일들을 잊으려 애쓰지 않기로 했다. 참사 현장의 체험자이자 목격자로서 사회와 국가에 진실을 밝히라고 요구할 책임이 있다고 믿기 때문이다.

극심한 트라우마는 조금씩 극복하고 있지만 한재명 잠수사는 여전히 수면제가 떨어지면 불안하다. 주머니 속에 수면제가 있어야 안심하고 일상생활을 할 수 있다. 수면제를 복용하면 그나마 잠을 이룰 수는 있지만, 꿈속에서는 아직도 아이들과 숨바꼭질을 한다.

"꿈에서 선내에 들어가는 거죠. 아이들이 한편에 열댓 명이 죽은 채로 있어요. 저는 그게 공포가 아니고 반가웠어요. 아이들이 저기 있구나. '너희들 찾느라고 내가 얼마나 고생했는데 너희들 거기 있었니? 조금만 기다려라.' 꿈 깨면 같이 일하는 잠수사들께 '저 꿈꿨는데 어느 방 어느 복도에 아이들이 잔뜩 모여있더라. 그쪽으로 수색하러 가보시죠.'라고 말했어요."[3]

한재명 잠수사의 꿈은 언제까지 반복되어야 할까?

"어렸을 때 모래에 막대를 꽂아놓고 순서대로 모래를 치우다 꽁 넘어지면 벌칙 받는 놀이가 문득 생각나더라고요. 잠수사들이 순

3_ MBC 다큐스페셜 「로그 북 세월호 잠수사들의 일기」(2018. 4. 23. 복진오 감독) 중에서 한재명 잠수사의 말

번에 맞춰 수색을 내려가는데 누가 잘못돼서 나무 막대기를 쓰러뜨릴지 몰라요. 그게 죽음이거든요."4

한재명 잠수사를 포함하여 당시 현장에 참여한 잠수사들의 목숨은 모래 막대 놀이에서 간신히 버티다 언제 쓰러질지 모르는 막대와 다르지 않았다.

4_ 같은 영상 중에서 한재명 잠수사의 말

짊어지고 살아야 할 몫

☽ 배상웅

다른 산업 현장에서 일하고 있던 중 세월호 침몰 소식을 들었다. 먼저 현장에서 수색 작업을 벌이던 동료 잠수사로부터 지원 요청을 받고 며칠만 도움을 주겠다는 생각으로 5월 3일 현장 수색 및 인양 작업에 참여하였다. 그러나 처참한 현장의 모습을 뒤로하고 중도에 빠져나올 수 없어 7월 10일까지 동료들과 함께 현장을 지켰다.

끝내 열리지 않았을 문

선실로 이어지는 격실 문은 쉽게 열리지 않았다. 남아있는 잠수 시간은 겨우 5분. 이 문을 열어야 다음 동료가 선실로 진입하여 실종자를 수습할 수 있다. 잠수하기 전에 선체 도면을 확인하면서 이 방에 분명 실종자 중 누군가가 있으리라는 예감이 들었다. 그동안 문을 개방하지 못해서 수색이 이루어지지 않은 객실이었다. 배상웅 잠수사는 망치를 들어 굳게 닫혀있는 문의 손잡이 부분을 두드려 보았다. 둔탁한 소리가 부유물과 함께 격실 통로를 타고 퍼져나갈 뿐 문은 여전히 열리지 않았다. 부유물 때문에 격실 안의 시야는 거의 제로 상태에 가까웠다. 수중랜턴 불빛을 비춰보아도 고작 30cm 이내의 물체만 간신히 보일 정도였다. 손으로 더듬거리며 문과 벽의 경계를 찾아 한 손으로 쐐기를 걸치고 다른 한 손으로 망치를 쥐었다. 시야 확보가 되지 않은 상태였으므로 오직 손의 감각으로 망치를 내려쳐야 한다. 첫 번째 망치질이 빗나갔다. 손을 내려찍지 않은 것이 다행이었다. 다시 망치를 치켜들고 손에 힘을 주려는데 통신선을 타고 황병주 선배의 목소리가 들렸다. 복귀하라는 지시였다. 배상웅 잠수사는 그제서야 시간을 가늠해 보았다. 예정된 잠수 시간은 이미 한참 지나 복귀해야 할 시간이었다. 그러나 간신히 문에 쐐기를 박았는데 그대로 돌아갈 수는 없는 일이었다. '문을 열어야 한다.' 조급한 마음으로 다시 한 번 오른손을 들어 망치를 세게 휘둘렀다. 둔중한 충격이 팔로 전해지면서 문짝이 뜯어지는 파열음이 들렸다. 내처 연거푸 쐐기를 겨냥해 망치질을 해대자 파열음이 더욱 선명하게 들려왔다. 숨이 차오르며 어깨에 경련이 일었다. 하지만 마지막으로 한 방만 더 내리치면 문이 와지끈 하고 열릴 것 같았다. 배상웅 잠수사가 한 번 더 망치를 휘둘러 쐐기를 때리는 순간 철벽처럼 견고하던 문이 열리며 문 안쪽에 기대져 있던 물건들이 피할 틈도 없이 와르르 쏟아져 내렸다. 그중 묵직한 여행용 캐리어가 배상웅 잠수사의 팔을 치고 아래로 떨어졌다. 아찔한 순간이었다. 캐리어가 떨어지면서 공기호스를 쳤다면 그대로 목숨을 잃을 수도 있는 상황이었다. 팔이 화끈거리며 통증이 느껴졌지만, 그는 위험한 순간은 넘겼다는 생각에 안도의 한숨을 내쉬었다.

　배상웅 잠수사는 열린 문으로 고개를 넣어 선실 안을 살폈다. 시야가 흐려 보이지는 않았지만, 그곳엔 분명 바지선 위에 있는 가족들이 애타게 기다리는 누군가가 있을 것 같았다. 통신선을 타고 급하게 자신을 부르는 소리가 들렸다. 더 이상 지체할 수 있는 시간은 없었다. 아쉽지만 급히 선체를 빠져나가야 했다. 선실 수색은 교대를 준비하고 있을 동료 잠수사가 할 것이다. 그는 선체를 빠져나와 수면 위로 부상하면서도 굳게 닫혀있던 문에 대한 생각을 지울 수 없었다. 그 문은 선실 안에 갇혀있던 누군가에게는 유일한 생명의 문이었을 것이다. 열리지 않는 문고리를 붙잡고 누군가 달려와 그 문을 열어주기를 간절히 바라면서 숨이 다하는 순간까지 기다렸을 것이다. 하지만 끝끝내 열리지 않았을 문. '살고 싶은 열망을 이뤄주기에는 내가 너무 늦은 거구나.' 바지선 위로 올라와 수고했다고 격려해 주는 동료 잠수사들의 이야기를 들으면서도 그의 머릿속에는 그 생각이 떠나질 않았다.

마음의 빛

배상웅 잠수사는 선실 수색과 희생자 수습도 병행하면서 주로 선체 안에 들어가 잠긴 문을 열 거나 막힌 진입로를 개척하는 일을 맡았다. 힘들고 위험한 작업이었다. 세월호 선체가 옆으로 쓰러진 상태로 바다 밑에 잠겨있기 때문에 정상적인 상태라면 드나들기에 충분했을 통로가 무너져 내린 물품들로 인해 대부분 막혀있었다. 격실 사이를 연결하는 여닫이문은 배가 침몰하여 누워있는 상태에서는 더 이상 사람의 힘으로 여닫을 수 있는 문이 아니었다. 마치 봉인된 뚜껑을 열듯이 강력한 압력을 가해야 개방할 수 있었다. 문이 열리는 순간 뒤죽박죽 쌓여있던 물품들이 갑자기 쏟아져 내리면 목숨을 위협받을 정도로 위험한 순간을 맞기도 했다. 때론 문을 붙들고 마지막까지 사투를 벌였던 희생자의 주검과 맞닥뜨리는 경우도 있었다.

잠수사 중 비교적 젊은 편이었던 배상웅 잠수사는 위험하고 힘을 써야 하는 일을 자청했다. 거기에는 세월호 사고 초기에 자신보다 먼저 현장으로 달려온 동료 잠수사들에 대한 미안한 마음도 한몫했을 터였다. 15년 경력의 잠수사 배상웅, 어느 분야이든 그 정도의 경력이면 베테랑이라는 평가를 받고도 남을 만하다. 그러나 배상웅 잠수사는 자신의 이름 앞에 베테랑이라는 수식어가 붙는 것을 극구 사양한다. 그저 '15년 경력이면 이제 잠수 좀 하네.'라는 이야기를 들을 정도라고 자신을 평가한다. 그것은 의례적인 겸손의 말이기도 하지만, 다른 한편으로는 진심에서 우러나오는 선배 잠수사들에 대한 존경의 표현이기도 하다. 그도 처음엔 젊음과 혈기 그리고 잠수사로서의 전문성만 있으면 베테랑이 될 수 있을 것으로 생각했다. 그러나 경력이 쌓일수록 시간의 무게라는 것을 실감하게 되었다. 잠수사에게 표준화된 환경은 존재하지 않는다. 기본 매뉴얼이 있긴 하지만 현장의 상황은 늘 변화무쌍하기 때문에 그때그때 상황에 따라 정해진 매뉴얼은 다양하게 변용되어 적용된다. 그것은 혈기와 의욕만으로는 담아낼 수 없는 오랜 경륜과 깊이를 요구한다. 수많은 현장에서 몸으로 부딪혀가며 체득한 경험의 흔적들을 머리가 아닌 온몸에 각인시켜온 진정한 베테랑들만이 그 깊이를 감당할 수 있는 것이다. 그러하기에 배상웅 잠수사는 베테랑 잠수사 선배들이 자신을 인정해 주고 어려운 일을 믿고 맡긴다는 것에 자부심을 느낀다.

그가 베테랑 선배 잠수사의 요청을 받고 세월호 현장으로 달려온 것도 그 때문이었다. 세월호 침몰 현장이 아비규환의 전쟁터와 같은 상황이라는 사실을 알고 있었지만 든든한 베테랑 형님들이 있는 한 두려울 것이 없었다.

5월 3일 팽목항에 도착하여 해경 경비정 편으로 바지선에 닿으니 선배, 동료들의 모습이 보였다. 바지선 위에 실종자 가족들이 있다는 것을 알기에 드러내놓고 반가워할 수는 없었지만, 마음 같아서는 달려가 포옹이라도 하고 싶은 심정이었다. 그런데 선배들의 표정을 보니 지치고 힘든 모습이 역력했다. 여러 현장을 경험했지만 선배들의 그런 모습

나는 세월호 잠수사다

은 처음이었다. 먼저 와있던 동료들의 설명과 뉴스를 통해 짐작은 하고 있었지만 상황은 최악이었다. 그나마 다행스러운 것은 선배, 동료 잠수사들의 눈빛만큼은 어느 현장에서보다 또렷하고 강렬했다. 처음엔 몰랐다. 그 눈빛이 슬픔과 분노의 발현으로 인한 것이라는 사실을.

도착 다음 날인 5월 4일 첫 탕을 시작으로 희생자 수습을 위한 잠수 작업을 펼쳤다. 잠시 쉴 틈도 없이 하루에 연속 4회씩이나 잠수를 강행하기도 했다. 깊은 바다 밑에서 하는 수중 작업은 피로도가 높기 때문에 다른 현장이라면 상상할 수도 없는 일이었다. 하지만 그곳이 다름 아닌 세월호 현장이었기에 가능한 일이었다. 세월호 침몰 현장을 다른 현장과 비교한다는 것 자체가 일종의 불경을 저지르는 것이나 다름없었다. 일반인 승객도 있었지만 대부분 동생같이 어린 고교생들을 하루라도 빨리 차가운 바다에서 건져 그 부모의 품에 안겨주고 싶었던 것이다. 서로 말은 안 했지만 다른 잠수사들도 모두가 그렇게 생각하고 있다는 것을 부딪는 눈빛만으로도 느낄 수 있었다.

통상 세월호 침몰 위치와 같은 수심 45m 지점에서의 작업은 하루에 한 번, 한 번에 30분 정도의 작업 시간이 적정하다. 하지만 세월호 현장에서 잠수사들은 하루 두세 차례씩 물에 들어갔다. 여기에 선체 도면 숙지 및 작업 방식 논의 등 사전 준비와 잠수 후 다음 입수하기 전 잠깐의 휴식 시간 등을 제외하면 하루 평균 두세 시간밖에는 수면을 취할 수 없었다. 피로를 호소할 겨를이 없었다. 먹는 것, 자는 것 어느 하나 제대로 갖추어지지 않은 열악한 환경이었지만 어느 누구도 불만을 드러내지 않았다. 생업을 접어둔 채로 팽목항으로 와 위험하고 힘든 작업을 계속 이어가면서도 누구 하나 '우리 일당이 얼마냐'고 묻지도, 궁금해하지도 않았다. 그저 아직 세월호에서 나오지 못한 자식을 기다리며 가슴을 졸이고 있는 실종자 가족들의 심정만을 생각했다. 거창

한 사명감이나 특별한 희생정신 때문이 아니었다. 아직 피어보지도 못한 어린 자식을 잃은 부모들의 고통과 슬픔의 무게 앞에서 잠수사들은 자신의 고통은 그저 새털만큼 가벼운 것일 뿐이라 생각했기 때문이었다. 배상웅 잠수사 역시 다르지 않았다. 자식의 주검이 올라올 때마다 오열하는 가족들을 바라보면서 자신이 겪고 있는 육체적 고통쯤은 오히려 사치일 뿐이라고 생각했다. 선체를 수색하고도 희생자를 발견하지 못하고 혼자 수면 위로 올라올 때면 수색 과정에서 오는 피로감과 허망한 마음도 들었지만, 기다리고 있을 부모들에 대한 미안함이 먼저 들었다. 그렇게 마음의 빚이 쌓여가고 있었다.

그날은 5층 선원실 수색에 나섰다. 당초 선원실에 희생자가 있을 가능성에 대해서는 부정적이었다. 이미 언론에 보도된 대로 선장을 비롯한 선원들은 가장 먼저 탈출을 한 상태였기 때문에 선원실에 희생자가 있으리라고 생각하는 이들은 거의 없었다. 5월 중순으로 접어들어 희생자 발견이 주춤하면서 선원실도 수색을 해봐야 한다는 의견이 나왔다. 현재 발견되지 않은 희생자는 16명, 가능성은 거의 없었지만, 선원실을 수색하기로 하였다. 배상웅 잠수사는 선원실로 들어갈 수 있도록 통로를 확보하는 일을 맡았다. 선원실로 이어지는 통로는 여러 물품이 얽히고설킨 채로 쌓여있어 진입로 확보가 쉽지 않았다. 한참 동안 실랑이를 한 후에야 한 사람이 간신히 진입할 수 있는 통로가 확보되었다. 두 명의 동료 잠수사가 선원실 수색에 나섰다. 아무도 없을 거라고 생각했던 선실에는 의외로 두 명의 단원고 남학생이 있었다. 아마도 선실에 물이 차오르자 살길을 찾아 선원실로 넘어 들어온 모양이었다. 마지막까지 살기 위해 사투를 벌였을 그 학생들을 생각하니 가슴이 먹먹해 왔다. 배상웅 잠수사는 그날 밤 두 명의 남학생이 수습

되던 당시의 상황을 자신의 로그 북에 다음과 같이 기록했다.

> 오늘 A조에서 두 명의 사체가 올라왔다.
> 한 명이 올라오자 오열하시는 실종자 가족 아저씨
> 그리고 30분 후 한 명이 더 올라온다.
> 처음에 얼굴만 보였을 때 모두 침묵을 지키고 있다가
> 티셔츠를 보고 오열하시는 아주머니를 보았다.
> '설마 내 아들이겠어?'라는 표정이었는데
> 아들이라는 것을 알고 나서는 너무 서럽게 우셨다.

2014. 5. 14. 배상웅 로그 북[1]

잔인한 5월

5월 중순을 넘어서면서 상황은 더욱 좋지 않게 돌아갔다. 수온이 상승하면서 희생자의 주검이 급속도로 부패하기 시작하였고, 조류는 더 거세졌다. 객실을 중심으로 희생자가 있을 만한 곳은 두 번, 세 번 수색하였으나 추가 수습은 좀체 이루어지지 않았다. 잠수사들이 올라올 때마다 가슴을 졸이며 기다리고 있는 희생자 가족들의 마음도 타들어 가고 있는 것이 역력해 보였다. 추가 수습이 지연되면서 언론과 SNS 등에서 근거 없는 이상한 루머가 돌기 시작했다. '잠수사들이 고의로 수습을 지연시키고 있다'는 소문부터 '선체 안에 시신을 감추어놓고 있다'라는 소문까지. 그러한 소문들은 정작 수습 현장에는 와보지

1_ MBC 다큐스페셜 「로그 북 세월호 잠수사들의 일기」(2018. 4. 23. 복진오 감독) 중에서

도 않은 사람들이 만들어내는 것들이었다. 한번 촉발된 의혹은 더 큰 의혹을 만들어내었다. 진도체육관에 남아있던 희생자 가족들 사이에서도 '보는 사람도 없으니 물속에서 빈둥빈둥 시간만 보내고 올라오는 거 아니야?'라는 식의 의혹이 돌고 있다는 이야기가 전해지기도 했다. 하지만 그것은 분명 거짓이었다. 바지선에 올라와 잠수사들이 하는 일을 직접 본 사람들은 그 누구도 그러한 헛소문을 믿지 않았다.

그러나 아무리 그 소문을 믿는 사람들은 소수에 지나지 않는다 해도 그러한 루머가 돌고 있다는 사실만으로 잠수사들의 사기는 떨어질 수밖에 없었다. 그러한 상황에서 잠수사들이 할 수 있는 것은 바깥에서 들려오는 소식에 귀를 닫는 것뿐이었다. 가급적 뉴스를 보지 않고, 인터넷에도 접속하지 않았다. 그러던 중 청와대 대변인의 막말이 잠수사들의 잠재된 분노에 불을 붙였다.

'하루 일당 100만 원에 시신 한 구당 500만 원'

만일 그 말을 한 사람이 평범한 일반인이었다면 어차피 떠도는 루머라 생각하고 귀를 닫아버리고 못들은 체 했을 것이다. 하지만 그 말의 발신처는 다름 아닌 청와대였다. 웬만해서 선배 잠수사들 앞에서는 감정을 드러내지 않는 배상웅 잠수사도 참을 수가 없었다. 그의 입에서 욕설이 튀어나왔다. 단 한 번도 일당을 요구한 적이 없었다. 희생자의 주검을 거래의 대상으로 삼을 만큼 비양심적인 사람이었다면 애당초 세월호 현장에는 오지도 않았을 것이다. 당장에라도 뭍으로 나가 청와대 대변인 민경욱이라는 사람의 말이 터무니없는 거짓이라고 외치고 싶었다. 하지만 그럴 기회는 주어지지 않았다. 그 많던 언론사 기자들도 잠수사들의 애로사항이나 분노에 관해서는 관심을 기울이지 않았다.

잠수사들에게 있어 그해 5월은 그토록 잔인한 시기였다. 배상웅 잠수사가 현장에 참여하고 사흘째 되던 날 이광욱 잠수사가 생을 달리했고, 같은 5월 말에는 세월호 4층 선미 다인실 창문 절개 작업을 하던 이민섭 잠수사가 폭발 사고로 또다시 생을 마감했다. 하루에도 몇 번씩 죽음을 대면하는 이들에게 격려는커녕 황당한 막말이 더해지면서 바지선 위의 분위기는 차디차게 식어가고 있었다. 배상웅 잠수사는 막말의 주인공에게 이렇고 말해주고 싶었다.

'그렇게 돈이 좋으면 당신이 그 일당을 받고 목숨을 내놓으시오.'

조금만 더 버텨봐!

현장 바깥에서는 갈수록 사실과는 다른 부정적인 여론이 퍼져나갔다. 하지만 잠수사들이 거기에 대응할 수 있는 방법은 전혀 없었다. 잠시 사기가 꺾이기는 했지만, 시간이 지나면서 잠수사들은 루머에 일일이 대응할 필요가 없다는 것을 스스로 깨닫기 시작했다. 배상웅 잠수사도 다르지 않았다. 그는 잠수사들끼리 모인 자리에서 이렇게 이야기하였다.

"우리는 잠수사다. 잠수는 입으로 하는 것이 아니라 온몸으로 하는 것이다."

그랬다. 잠수사는 정치인들처럼 여론이나 루머에 따라 흔들려서는 안 된다. 지금 이 자리에서 잠수사가 꼭 해야 할 일은 세월호 선내 어딘가에서 그들을 기다리는 희생자를 찾아 바닷물에 몸을 던지는 것일 뿐이다.

이후 외부의 지시가 없었음에도 잠수사들은 2차, 3차 정밀 수색에 들어가기로 하였다. 한 번 수색 과정을 거쳤던 선수 쪽을 추가로 두 차례에 걸쳐 구석구석 더듬어가며 수색에 집중하였다. 정밀 수색에서는 희생자의 주검이 없더라도 희생자들이 사용하던 물품도 빠짐없이 수거하여 건져 올리는 것을 원칙으로 삼았다. 만에 하나 시신을 찾지 못한 희생자가 있을 경우, 가족들에겐 그 물품들이 소중한 유품으로 간직될 것이기 때문이었다. 시야가 좋지 않아 그냥 지나칠 수 있는 가능성을 고려하여 바닥과 천장을 손으로 훑어가며 수색을 이어갔다. 선체가 누워있는 상태이므로 객실 안에 들어가면 어디가 바닥이고 어디가 천장인지 구분하기 어려운 경우도 있었다. 하지만 정밀 수색을 이어가면서는 손의 감각만으로도 선실의 방향과 위치를 구별할 수 있을 정도가되었다. 바닥은 비교적 매끄러운 마감재로 되어있고, 천장은 거친 재질의 마감재로 되어있었다. 수색 도중에 입수 제한 시간이 다 되어 지상으로 복귀해야 하는 경우에는 선실에 있는 물품을 이용하여 수색이 완료된 곳과 추가로 수색이 필요한 영역을 표시해 두었다. 가령 객실에 있는 생수병을 이용하여 위치를 표시하고 다음 차례를 준비하고 있는 잠수사에게 그 위치를 전달하는 방식을 이어나갔다.

고도의 정밀 수색 작업이 이어지면서 몸의 피로는 더욱 쌓여갔다. 하지만 정신 집중도는 더욱 또렷하고 선명해졌다. 드문드문 희생자를 발견할 수도 있었다. 5월 중순까지만 해도 주검의 상태가 비교적 온전했는데 5월 말을 지나 발견된 희생자의 주검들은 심하게 훼손된 상태로 잠수사들을 맞았다. 몸이 물에 불은 상태로 부패해 형체를 가늠하기조차 어려웠고, 머리카락이 숭숭 빠져버린 경우도 있었다. 가장 먼저 부패가 진행되는 눈 부위가 휑하니 비어버려 차마 눈뜨고 보기 어려운 주검도 있었다.

배상웅 잠수사는 산업 현장에서 주로 일을 하였기 때문에 익사 사고 희생자를 인양한 경험이 그리 많은 편은 아니었다. 특히 한꺼번에 여러 명이 희생당한 사고에서 인양 작업을 하는 것은 처음이었다. 그 때문인지 희생자의 주검을 맞닥트리면 더욱 조심스럽게 다가가 수습에 임했다. 그런데 부패가 심해지면서 주검들이 탄력을 잃고 손만 살짝 가져다 대도 힘없이 무너져 내렸다. 기다리는 가족들에게 조금이나마 온전한 상태의 모습을 보여드려야 할 텐데…. 배상웅 잠수사는 그때마다 주검을 향해 '부모님이 기다리고 있어, 조금만 더 버텨봐!'라고 말을 건네곤 했다. 그저 기분 탓이었을지는 몰라도 그 말을 하고 나면 마치 그의 말을 알아듣기라도 한 것처럼 주검의 탄력이 살아나기도 했다.

하지만 시간이 더 흐르면서 희생자의 온전한 모습을 기대할 수는 없었다. 7월이 가까워지면서는 부패한 주검이 절단되어 버려 부득이 자루에 담아서 가족에게 전달해야 했던 적도 있었다. 주검이 올라오면 가족들도 유품이나 입고 있는 옷을 보고서야 자기 자식인지를 구분할 수 있었다. 주검의 얼굴과 몸으로는 도저히 알아볼 수 없는 지경이 되어버린 것이다. 시신도 없이 희생자의 유품을 끌어안고 오열하는 가족들의 모습을 보는 것은 더욱 마음이 아팠다.

직업 잠수사로서의 사회적 책무

배상웅 잠수사가 처음으로 잠수와 인연을 맺은 것은 해군에 입대하면서부터이다. 고된 훈련을 받으면서 전우들과의 끈끈한 우정을 맺으며 동료의 소중함을 몸으로 체득했다. 당시 같은 부대 소속이었던 동료 중에는 지금도 해경이나 해군에 몸을 담고 있는 이들이 여러 명 있다. 세월호 현장에서도 해경 소속 잠수부 대원으로 있는 군대 동기를 만나기도 했다. 목숨이 오가는 현장에서 오래된 전우를 만난다는 것은 매우 반갑고 마음 든든한 일이었지만, 서로 맡은 바 임무와 신분이 달랐기에 많은 이야기를 나눌 수는 없었다.

수색 작업 후반으로 갈수록 해경 소속의 잠수사들은 인원이 늘어났다. 그들은 정해진 안전 매뉴얼에 따라 잠수 시간이 정해져 있고 장비도 안전을 고려하여 안전 헬멧과 보조탱크를 착용하고 입수하였다. 그리고 선내 수색에는 참여하지 않고 주로 민간잠수사들이 희생자를 찾아 올려주면 희생자의 주검을 인계받아 수면 위로 올리는 작업을 담당했다. 그것은 당연한 일일 수밖에 없었다. 해경과 해군이 평소 훈련하는 방식이 바로 그러하기 때문이다. 배상웅 잠수사와 같은 민간 산업잠수사들도 안전 장비를 가지고는 있지만 급박한 상황이나 정밀한 작업을 요하는 현장에서는 헬멧이나 보조탱크를 사용하지 않는다. 특히 세월호와 같이 진·출입 통로가 거의 확보되지 않은 선내에 진입하려면 헬멧과 보조탱크는 진로를 방해하는 장애물이 될 뿐이다. 그러니 애당초 선내 수색은 민간잠수사들만이 할 수 있는 상황이었다. 그러한 사실이 알려져서일까? 들려오는 말에 의하면 해경 요원들은 사고 초기와는 달리 너도나도 세월호 현장에 가기 위해 지원을 한다는 것이었다. 규정에 따라 적지 않은 위험수당이 추가로 지급될 것이고, 사실상 위험한 선내 진입 작업은 하지 않아도 되니 그러한 현상을 이해하지 못할 것은 아니었다. 다만 공무원 신분의 잠수사와는 달리 어디에도 소속되지 않은 민간인 신분의 잠수사라는 이유로 안전 조치와 보상 규정이 상이하다는 것을 알고는 자괴감과 함께 씁쓸한 기분을 지울 수 없었다.

당시 해경청장은 잠수사들 앞에서 만일 사고나 부상을 당하는 경우가 생기면 모든 책임을 질 것이니 다소 무리가 따르고 위험한 작업이라 하더라도 후속 조치는 걱정하지 말고 수색에 적극적으로 임해달라고 신신당부를 하였다. 배상웅 잠수사를 비롯한 현장의 모든 민간잠수사들은 그 말을 믿었다. 민간잠수사들은 그저 자신이 해야 할 일을 묵묵히 하는 사람들이었을 뿐, 해양경찰청이라는 국가기관을 대표하는 책임자의 말을 의심할 만큼 세상사에 닳고 닳은 사람들이 아니었다.

그러나 쫓겨나듯 현장에서 배제된 직후 해경청장의 말이 급한 불을 끄기 위해 내뱉은 무책임한 거짓말이었다는 것이 드러났다. 배상웅 잠수사는 수색 도중 격실 벽이 무너지는 바람에 양쪽 어깨의 근육 파열과 인대 손상이라는 부상을 입었다. 잠수사로서는 치명적인 부상이었다. 그리고 챔버 장치가 제대로 작동하지 못하는 바람에 감압 시 이퀄라이징이 안 되어 귀도 손상을 입어 몇 년째 이명에 시달리고 있다. 하지만 국가에서는 단기간의 병원 치료만 허용했을 뿐이다. 7월 10일 해산 후 배상웅 잠수사는 삼천포 서울병원에서 2주간 무료 진료를 받았다. 치료비도 2014년 말까지 지원되고는 중단되었다. 그 후 일부 지원이 재개되었지만, 지원을 받기 위해서는 자신의 질병이 세월호 사건과 직접적인 인과관계가 있다는 것을 증명해야 한다. 그 때문에 자비로 치료를 받거나 형편이 되지 않으면 치료를 포기하기도 한다. 배상웅 잠수사도 일부 치료는 포기해야 했다. 완치를 기대하는 것은 이미 불가능한 일이 되어버렸다.

하지만 후회는 없다. 누군가는 다시 똑같은 사고가 나면 이번에도 현장으로 달려가겠느냐고 묻는다. 배상웅 잠수사는 늘 고민하지 않고 '그렇다.'라고 대답한다. 그에겐 세월호참사를 겪기 이전이나 이후에나 변치 않는 나름의 신념이 있다. '자신이 가지고 있는 기술이나 재능이 누군가를 위해 쓰임새가 있다면 기꺼이 사회 구성원들과 공유해야 한다'는 확신 말이다. 그것이 누군가의 생명과 관련된 일이라면 더욱 그렇다. 그러므로 배상웅 잠수사로서는 같은 상황이 온다 해도 다른 선택의 여지는 있을 수 없다. 조금 거창하게 말한다면 그것은 직업 잠수사에게 주어진 사회적 책무이며, 자신이 책무를 저버리는 순간 프로 잠수사로서의 자부심도 함께 내버리는 것이기 때문이다.

두 개의 사랑니

배상웅 잠수사에게는 잠수 일을 시작한 이후 늘상 따라다니는 애잔한 아픔이 있다. 아들 걱정으로 노심초사하시는 어머니에 대한 죄송한 마음이 마치 사랑니의 통증처럼 수시로 마음을 심란하게 한다. 특히 현장에 나가있을 때면 어머니는 아들의 안전을 걱정하시며 밤잠을 이루지 못하신다. 어머니는 아들이 평범한 직장인으로 살기를 원하셨다. 보통의 직장인들처럼 규칙적인 생활을 하며 때가 되면 단란한 가정을 이루어 사는 모습을 보고 싶어 하신다.

그러나 배상웅 잠수사는 어머니가 원하시는 어느 것도 만족시켜 드리지 못했다. 현장에 나갈 때마다 걱정하지 마시라고 안심을 시켜드리지만, 그것이 별로 소용없다는 것을 안다. 불혹의 나이가 되도록 원하시는 손주를 안겨드리기는 고사하고 제 짝도 만나지 못했으니 어머니를 떠올릴 때마다 마음이 아프다. 세월호 현장에서 일하는 동안에도 자신이 겪고 있는 고통보다 아들 걱정으로 밤을 지새우실 어머니 걱정이 앞섰다.

만일 세월호참사가 없었더라면 배상웅 잠수사는 지금쯤 어머니께 귀여운 손주를 안겨드렸을지도 모른다. 일이 있는 곳이면 쉬운 일, 어려운 일 가리지 않고 어디든 달려가는 그의 성품을 고려할 때 돈도 제법 모아 경제적으로도 어느 정도 안정된 생활을 하고 있을 것이다. 하지만 이제 산업 현장에서 그를 부르는 곳은 드물다. 간혹 일이 생기더라도 단기간의 '날일' 정도에 불과하다. 세월호참사는 배상웅 잠수사의 인생 계획을 뒤틀어놓았으며 어머니의 간절한 소망도 멀찍이 미뤄놓았다. 아픈 사랑니는 지금도 욱신거리며 그를 괴롭히고 있다.

세월호참사가 남긴 또 하나의 사랑니. 김관홍 잠수사다.

관홍이 형은 배려심이 깊은 사람이었다. 동료들은 물론 바지선 위에 있는 희생자 가족들의 마음까지 헤아리는 오지랖(?) 넓은 사람이었다. 그 때문에 모두가 그를 좋아했다. 선배들 앞에서는 재롱 아닌 재롱으로 분위기를 부드럽게 만들었고, 후배들에게는 격려와 배려를 아끼지 않는 형이자 친구였다. 관홍이 형은 세월호 수색 작업에 참여하여 활동하던 초기에 부상을 입었으나 끝까지 현장을 떠나지 않고 남아서 동료들을 챙겼다. 자신이 허리디스크, 목디스크, 어깨 회전근막 이상의 복합 부상 환자이면서 부상을 입은 동료에게는 약을 가져다 발라주고 밥을 챙겨다 주기도 했다. 동료뿐 아니라 희생자 가족이 보이면 커피를 타다 주고 궁금해하는 내용을 친절하게 설명해 드리기도 했다. 그는 고통을 받거나 슬픔에 젖어있는 사람을 보면 자신이 고통스러워하는 사람이었다.

그렇게 관홍이 형은 정이 많고 마음이 여린 사람이었다. 그랬기에 마지막에 그러한 선택을 했을 것이다. 배상웅 잠수사는 관홍이 형과 약속을 했었다. 수색 작업을 마치고 육지로 나가면 함께 뜨끈한 목욕탕에 몸을 담근 후 시원한 냉면을 먹기로….

그 약속을 지키지 못했기 때문일까? 배상웅 잠수사에게 관홍이 형은 또 하나의 아픈 사랑니가 되었다. 그는 한 언론과의 인터뷰에서 김관홍 잠수사를 떠올리며 다음과 같이 회상했다.

"관홍이 형이 굉장히 외로워했어요. 세월호 진상 규명 활동을
할 때는 열정을 쏟았지만 끝나고 나면 뭔가 허탈해하는 것 같았어
요. 가끔 전화를 걸어와 사람이 보고 싶다고 했는데, 한 번이라도
시간을 내서 만났더라면 좋았을 텐데 그게 후회스러워요."[2]

세월이 다하도록 짊어지고 살아야 할 몫, 세월호

배상웅 잠수사는 수색 작업을 마친 후 약 1년 동안 분노조절 장애
에 시달렸다. 최근에도 물속에서 숨이 막혀 죽어가거나 다른 사람들
로부터 손가락질을 당하는 악몽을 꾼다. 세월호 현장을 떠난 지 이미
5년이 훌쩍 지났지만, 여전히 그의 마음은 팽목항에 있다. 거기에는
유명을 달리한 동료 잠수사가 있고, 아직도 진도 앞바다 맹골수도에
서 가족이 찾으러 오기를 기다리는 희생자가 있다.

"바지선에 항상 유족들이 있었어요. 어떤 사람은 울고 있고, 어
떤 사람은 난간에서 기도를 하고 있었고, 유족들의 눈빛을 보면
안 들어갈 수가 없었어요."[3]

"가장 애로사항이라고 할 수 있는 것은 일단 실종자를 못 찾고
있어서 그게 가장 큰 문제고요. 솔직히 심적 부담이 매우 크거든

2_ 「세월호 민간잠수사 끝나지 않은 '악몽'」 경향신문 2016. 6. 2. 정원식 기자
3_ 같은 기사

요. 한창 실종자 찾다가 끊겼을 때, 며칠째 안 나오고 있을 때 그 때 부담감이 너무 컸거든요. 지금도 솔직히 말해서 부담감이 매우 커요."[4]

그는 당시의 기억을 떨쳐버리려고 애쓰지 않는다. 그 기억을 잊지 않고 평생 기억하는 것이 먼저 세상을 떠난 동료, 그리고 여전히 바다 밑을 벗어나지 못하고 있을 영혼들을 위한 최소한의 예의라고 생각하기 때문이다. 물론 꿈속에서 희생자를 찾아 격실과 격실 사이를 헤집고 다니는 악몽을 꾸는 것은 여전히 괴롭다. 우리 아이를 왜 찾지 못하느냐고 책망하는 희생자 가족의 목소리가 이명이 되어 들려오는 것도 견디기 쉽지 않다. 하지만 그 고통 또한 세월호참사의 현장에 있었던 한 사람으로서 짊어지고 살아야 할 몫이라고 생각하기로 했다.

최근 들어 산업 현장에서 가끔씩 일할 기회가 주어진다. 비록 세월호참사 이전만큼 장기 프로젝트에 참여하지는 못하지만, 그래도 민간산업잠수사라는 정체성을 잃지 않고 있다는 자체가 감사한 일이다.

배상웅 잠수사에게는 두 가지 새로운 목표가 생겼다. 하나는 관홍이 형이 그토록 외쳤던 진실을 규명하고 불명예를 떠안고 살아가는 세월호 잠수사의 명예를 되찾는 일이다. 생사를 함께 했던 동료들과 손을 잡고 가다 보면 분명 그 목표에 도달하리라 믿는다.

또 하나는 어머니가 바라는 단란한 가정을 꾸리고 귀여운 손주를 안겨드리는 것이다.

그 목표가 이루어지는 날이 오면 그의 꿈에도 화사한 봄날이 찾아오지 않을까?

4_ 「수색은 제자리 실종자는 그대로… 잠수사들 '심적 고통'」 JTBC 뉴스 2014. 6. 18. 인터뷰 중에서

배상웅: 짊어지고 살아야 할 몫

맏형이라는 무게

🌙 공우영

공우영(55년생) 잠수사는 그해 4월 21일부터 7월 10일까지 세월호참사 현장에서 희생자 수습 활동에 참여하였다. 40년의 경력으로 민간잠수사들 사이에서 큰형님으로 통하는 그는 세월호 현장에서 민간잠수사들의 대표로서 현장을 총지휘하는 역할을 맡았다. 2015년 검찰에 의해 과실치사 혐의로 기소되어 재판을 받는 수모를 겪었으나 대법원에서 최종 무죄 판결을 받았다.

피고인

2015년 12월 7일 광주지방법원 목포지원(형사1단독 한종환 판사)에서는 공우영 잠수사에 대한 선고 공판이 열렸다. 한 해 전인 2014년 8월 26일 검찰(목포지청)이 공우영 잠수사를 업무상 과실치사 혐의로 기소하면서 시작된 재판이었다.

공소장에 적힌 그의 혐의 내용은 세월호 수습 작업에 참여했다가 목숨을 잃은 민간잠수사 이광욱 씨 죽음에 관한 것이었다. 세월호 희생자 수습 작업 당시 현장에서 민간잠수사들을 지휘 감독했던 책임자로서, 안전 관리를 소홀히 하는 등 중대한 과실을 범하여 이광욱 잠수사를 사망에 이르도록 했다는 것이다.

2015년 1월 검찰이 발송한 '사실 조회서'를 받아든 공우영 잠수사는 서류에 적힌 황당한 내용을 접하고 엄청난 충격을 받았다. 시야가 온통 하얘지더니 이내 숨이 턱 막히며 호흡을 할 수 없었다. 그 자리에서 쓰러진 그는 연락을 받고 긴급히 달려온 구급차에 실려 대전 건양대병원 응급실로 실려 갔다. 닷새간의 응급치료를 마친 후 가까스로 정신을 차린 그를 기다리고 있는 것은 지독한 두통과 피고인이라는 수식어였다.

　재판은 약 1년 4개월, 아니 대법원 최종심까지 치면 약 2년이 넘는 기간 동안 이어졌다. 당시 공우영 잠수사는 세월호 희생자 수습 과정에서 얻은 정신적 트라우마를 겨우 극복하고 본업으로 돌아와 일을 시작하던 때였다. 그런데 검찰의 기소로 세웠던 계획은 무산될 수밖에 없었다.

공우영 잠수사 판결 후 동료들과 함께

공우영 잠수사는 해경이나 어느 정부 기관으로부터 책임자로 임명을 받은 적이 없다. 단지 민간잠수사 중 가장 선임이었기에 자연스럽게 잠수사들의 감독 역할을 하게 되었던 것이다. 위험한 심해에서 일해야 하는 잠수사들의 업무 특성상 팀워크가 매우 중요했기에 후배들도 선임인 그의 말을 잘 따라주었다.

민간잠수사들은 여객선 침몰 상황을 보고 각자 생업을 내던지고 희생자들을 구조하기 위해 자발적으로 현장으로 달려온 사람들이다. 그런 민간잠수사들에게 표창을 하지는 못할망정 일방적으로 중도에 수색 작업에서 배제시키더니 이번에는 공우영 잠수사를 기소까지 하니 정말 황당하고도 화가 치미는 일이었다.

시간이 지난 후 그는 검찰이 자신을 기소했다는 소식을 듣고 어떤 생각이 들었냐는 언론사 기자의 질문에 당시의 심정을 다음과 같이 밝혔다.

"내가 왜 이런 정부에서 국민이 됐는가? 정부는 있되 국민은 없는 것처럼 그런 생각이 딱 들더라구요. 욕밖에 안 나와요."[1]

후배 동료들이 소식을 듣고 찾아왔다. 모두들 분노를 감추지 못했다. 국가가 국민의 생명을 제대로 구해내지 못하고 우왕좌왕할 때 잠수사들이 자발적으로 달려와 목숨을 걸고 바닷속에 몸을 던졌는데, 이제 와서 범죄자로 죄를 뒤집어씌운다는 것은 있을 수 없는 일이었다. 후배들은 하나같이 자신이 직접 기소를 당한 피고인이 된 것처럼 울분을 토했다.

1_ JTBC 뉴스실험실 「세월호 민간잠수사 공우영, 그는 왜 법정에 서야 했는가」 2016. 11. 2.

"해경은 세월호 격실 안에 안 들어가니까 우영 형님이 자문 역할을 했던 겁니다. 그런 중간 역할을 했었습니다. 잠수를 해라 마라 하는 그런 권한이 없는 상태였는데 뭐 때문에 피의자가 됐는지…. 업무는 해경에 있는 것이지, 봉사자가 무슨 업무상 과실치사란 말이…. 그 죄목 자체가 지금도 이해가 잘 안 되는데…. (김상우 잠수사)"2

공우영 잠수사는 후배 잠수사들을 보면서 고마움과 함께 한편으로 미안한 마음이 들었다. 세월호 희생자 수습 작업에 함께 참여했던 후배 잠수사들 대부분은 몸과 마음에 상처를 안고 살아가고 있는 상황이었다. 골괴사로 판정을 받아 수술을 받았거나 앞두고 있는 후배도 있었고, 골괴사까지는 아니어도 목과 허리 등에 부상을 입어 누구 하나 성한 몸을 가진 이가 없었다. 또한, 거의 전부 정신과 약을 먹지 않으면 일상생활을 할 수조차 없을 정도로 정신적 트라우마에 시달리고 있었다. 그렇게 몸과 마음에 입은 상처로 기존에 해오던 산업 현장으로 돌아가지 못해 일을 쉬고 있거나 대리운전으로 생계를 유지하는 후배도 있었다.

공우영 잠수사는 그런 후배들을 볼 때마다 죄책감이 들었다. 그들이 겪고 있는 신체적·정신적 고통이 모두 자신 때문인 것만 같았다. 베테랑 산업잠수사인 그들이 세월호 희생자 구조 활동에 참여했다는 이유로 산업 현장에서 배척을 받는 것도 자신 때문인 것 같았다. 그런데 그들이 자신이 '과실치사'라는 엄청난 죄목으로 기소되었다는 소식을 듣고 달려와 준 것이다. 게다가 후배 잠수사들은 십시일반으로 재판에 필요한 변호사 비용까지 모아주었다.

2_ 같은 영상 중에서

전쟁터에서 생사를 함께한 전우애는 가족의 정보다 더 끈끈하다고 했던 말이 실감이 났다. 세월호참사 현장에서 희생자 수습을 위해 함께했던 민간잠수사 동료들은 가족 그 이상이었다.

생명보다 중요했던 높은 분의 한마디

1심 재판에서 공소를 맡은 검사는 공우영 잠수사에게 징역 1년을 구형했다. 공우영 잠수사와 동료들은 물론 재판을 지켜보았던 사람들은 누구나 알고 있었다. 이 재판이 해경의 책임을 민간잠수사에게 떠넘기기 위해 억지로 만든 한 편의 '쇼'라는 사실을.

불의의 사고로 목숨을 잃은 故 이광욱 잠수사는 희생자 수습 작업이 어느 정도 진행된 시점인 2014년 5월 양○○ 잠수사와 함께 새로 투입된 인원이었다. 그 역시 산업잠수 전문가로서 오랜 기간 활동해 오던 경력자였다고 한다. 공우영 잠수사와는 직접적인 인연은 없었지만, 산업잠수사 세계가 그리 넓지 않다 보니 한 다리 건너면 알 수 있는 관계였다.

그런데 공우영 잠수사를 기소한 검찰은 공우영 잠수사와 이광욱 잠수사 두 사람이 같은 회사 소속이라고 공소장에 적고 있었다. 처음부터 공우영 잠수사가 회사 임원으로서 민간잠수사들을 고용하여 현장에 투입하였으며, 사망한 이광욱 잠수사 역시 그가 추가로 고용한 잠수사였다고 주장했다. 검사는 그에 따라 이광욱 잠수사가 수중 작업 도중 사망한 사실에 대한 책임은 고용주인 공우영 잠수사에게 있다며, 그에게 징역 1년을 구형하였다.

　그러나 검찰 측의 주장은 사실과 달랐다. 5월 초 당시 비록 선내 진입이 가능한 민간 잠수 인원이 부족하고 기존에 작업 중인 잠수사들이 많이 지쳐있기는 했지만, 공우영 잠수사는 추가 인원 투입을 원치 않았다. 새로 잠수사가 들어올 경우 그동안 팀워크를 이루고 손발을 맞춰온 잠수사들과는 달리 새로 적응하는 기간이 필요하기 때문이었다. 목숨이 위태로운 업무 특성상 2인 1조로 작업하는 환경에서 긴밀한 소통은 최우선의 요건인 것이다. 함께 수습 활동을 했던 기존 잠수사들의 생각도 다르지 않았다.

　재판 과정에서 밝혀진 사실이지만, 서둘러 추가 인원 투입을 결정한 것은 해경 측이었다. 2014년 5월 4일 박근혜 당시 대통령이 현장을 방문했을 때, 잠수사들을 추가로 투입하라는 지시를 내렸기 때문으로 보인다. 공우영 잠수사를 비롯한 민간잠수사들은 대통령으로부터 그러한 지시가 내려졌는지도 알지 못했다. 대통령 현장 방문 시 민간잠수사들은 마치 투명인간 취급을 받았다. 대통령 일행이 머무는 동안 해경은 민간잠수사들을 마치 골방에 가두다시피 하여 높은 분들의 눈에 띄지 않도록 조치했다. 그나마 공우영 잠수사는 밖에 나와있었지만, 대통령 근처에는 얼씬도 할 수 없었다. 추정컨대 해경 책임자로서는 위험한 세월호 선체 안으로 진입하여 목숨 걸고 수색 작업을 하고 있는 사람들이 해경이 아니라 민간잠수사라는 사실을 대통령이 알지 못하게 했던 것으로 보인다. 정작 선체에 진입은 한 번도 해보지 않은 해경 잠수요원에게 장비를 갖춰 입히고 '쇼' 아닌 '쇼'를 한 것도 그 때문이 아니었을까 한다.

　박근혜 대통령이 다녀간 다음 날 해경 측에서 급히 수소문하여 현장으로 데려온 두 사람의 잠수사 중 한 분이 이광욱 잠수사이다. 해경은 상부의 지시라며 공우영 잠수사에게 당장 두 사람을 잠수 스케줄에 넣고 수중 작업을 하라고 종용했다. 맹골수도는 조류가 워낙 강해서 아무리 경험이 많은 잠수사라 해도 충분한 적응을 하지 않고는 섣불리 들어갈 수 없는 곳이기에 처음엔 강력히 반대했다. 그러나 현장의 최종 결정 권한은 해경 책임자에게 있었다. 결국, 민간인 신분의 공우영 잠수사로서는 권한을 가진 해경 간부의 지시에 따라 스케줄을 변경하여 故 이광욱 잠수사의 첫 탕 일정을 당일 오후 5시 30분으로 잡아야 했다.

그런데 故 이광욱 잠수사가 장비를 갖추고 잠수 준비를 하고 있을 때 바다의 상황이 심상치 않게 변했다. 파도가 높아지고 유속이 빨라져 작업이 불가능한 상황이 된 것이다. 공우영 잠수사는 오히려 안도했다. 그나마 입수 시간을 뒤로 미루는 동안 이광욱 잠수사가 이곳에 적응할 시간을 벌 수 있었기 때문이었다.

다음 날 새벽 6시가 되어서 이광욱 잠수사는 참사 현장에 처음 입수했다. 그에게는 선체 진입 작업 대신 가이드라인을 옮기는 작업을 맡겼다. 세월호 5층 로비 입구에 밧줄을 연결하는 외부 작업이었다. 선체에 진입해야 하는 수색 작업에 비하면 상대적으로 간단한 작업이었다. 이광욱 잠수사가 입수한 지 얼마 되지 않아 통신선을 타고 바지선 위로 이상 호흡 신호가 감지되었다. 뭔가 이상하다고 생각한 공우영 잠수사가 올라오라고 했지만, 통신이 되지 않았다. 잠수 보조 인력들이 공기호스를 여러 차례 잡아당겨 올라오라는 신호를 보냈지만, 여전히 반응이 없었다. 이광욱 잠수사는 그렇게 첫 탕에서 사고를 당한 것이다.

공우영 잠수사는 불의의 사고로 목숨을 잃은 이광욱 잠수사를 생각하면 지금도 마음이 아프다. 만일 자신에게 현장을 통솔할 권한이 주어졌더라면 그 상황에서 절대 이광욱 잠수사를 사지로 내몰지는 않았을 것이다. 하지만 공우영 잠수사에게는 그럴 권한이 없었다.

'이광욱 잠수사를 죽음으로 내몬 것은 누구의 책임인가?'

그 질문은 검찰이 아니라 공우영 잠수사가 묻고 싶은 질문이다.

무죄, 그러나…

1년 4개월가량 이어진 재판 과정을 거친 후 2015년 12월 7일 재판장은 다음과 같이 선고했다.

> "민간잠수사의 생명·신체의 위험을 방지할 법령상 의무는 수난 구조 활동의 지휘를 하는 구조본부의 장에게 있고, 공우영 씨에게 법령상 의무가 별도로 부여되었다고 볼 수 없으므로… 무죄를 선고한다."

그리고 재판장은 매우 이례적으로 이런 말을 덧붙였다.

> "여기서 이렇게 끝나면 좋겠지만, 그러지 않을 가능성이 큽니다. 지금까지도 고생하셨고, 앞으로도 힘내십시오."

처음엔 재판장의 말이 무슨 뜻인지 감이 잘 잡히지 않았다. '고생했다', '힘내시라.'라는 말은 분명 위로와 격려의 말이었지만, '여기서 이렇게 끝나면 좋겠지만 그러지 않을 가능성이 큽니다.'라는 말은 무슨 의미란 말인가?

그 의미는 얼마 지나지 않아 여실히 드러났다. 검찰이 무죄판결에 불복하여 항소를 한 것이다. 죄 없는 사람을 기소하여 죄인으로 만들려 했으니 사과와 위로의 말을 해도 시원치 않은데, 검찰은 1심 판사의 우려를 한 치도 벗어나지 않았다.

1심에 대한 검찰의 불복에도 '무죄'라는 사실은 변할 수 없었다. 다시 길고 지루한 재판 과정을 거치고 2016년 10월 27일 항소심 재판부는 1심 재판 결과와 같은 '무죄'를 선고했다.

> "민간잠수사들의 승선 허락 권한은 중앙구조본부의 장에게 있었고, 대부분의 결정은 민·관·군 합동구조팀에서 협의를 통해 결정되었다. … 민간잠수사 투입 권한이 없는 상태에서 공 씨가 감독 의무를 해태하였다고 책임을 묻는 것은 가지고 있지 않은 권한을 행사하지 않은 책임을 묻는 것이므로 … 무죄를 선고한다."

검찰이 다시 불복하였지만, 대법원에서도 2017년 1월 30일 최종심 판결로 원심의 무죄 판결을 최종 확정하였다.

> "업무상 과실치사죄에서의 주의 의무에 관한 법리를 오해한 잘못이 없으므로 무죄를 선고한 원심을 확정한다."

법정을 나서는데 기자들이 몰려와 공우영 잠수사에게 무죄 확정에 대한 소감을 물었다. 기자는 '기쁘다'는 대답을 기대했겠지만, 그의 입에서는 기쁘다는 말 대신 긴 한숨이 새어 나왔다. 그 한숨에는 고인이 된 이광욱 잠수사와 자신을 위해 무죄를 알리려 애를 썼으나 끝내 스스로 이 세상을 등져야 했던 김관홍 잠수사에 대한 미안한 마음이 섞여있었다. 또 무죄판결을 받았지만, 그의 마음속에서 세월호참사는 여전히 계속되고 있음을 의미하는 한숨이었다.

사람을 먼저 구해야 한다

공우영 잠수사는 세월호참사 현장에서 본의 아니게 민간잠수사들의 리더 역할을 했다. 자신이 원한 것도 아니고, 해경으로부터 권한을 위임받은 것도 아니었다. 평소 민간잠수사들 사이에서 큰형님으로 불릴 정도로 따르는 후배들이 많았기에 자연스럽게 그렇게 된 것이었다. 해경 쪽 인사들과도 오래된 인연이 있었으므로 해경과 민간잠수사들 사이의 소통 창구로서도 그가 적임자였다.

오랜 경험을 쌓은 베테랑 잠수사였던 그는 직접 수중에 들어가지 않고도 통신선을 타고 올라오는 잠수사의 숨소리만으로도 물속의 상황을 파악할 수 있었다. 그만큼 세월호 희생자 수습 현장에서 그는 꼭 필요한 사람이었다. 누구보다도 먼저 현장에 도착해서 작업을 시작하고 있던 후배 잠수사들에게 그는 꼭 필요한 존재였다.

> "형님이 빨리 오셔야겠어요. 여기 개판이에요. 질서도 없고 엉망이고, 해경은 현장 통제도 못 하고 우왕좌왕하고만 있어요."

제일 먼저 현장으로 달려갔던 전광근 잠수사는 당시 현장 상황을 전하면서 '개판'이었다고 표현했다. 해경 요원들이 있었지만, 명령 체계에 따를 통제는커녕 무엇을 해야 하는지, 어떤 장비가 필요한지도 모르는 상태였다. 전광근 잠수사를 비롯해서 먼저 도착한 민간잠수사들이 나름대로 잠수를 감행하고 있었지만, 그 상태로 수중 작업을 계속하다가는 추가로 인명사고가 날 것이 분명해 보였다. 그 때문에 최소한의 현장 컨트롤을 맡아 민간잠수사들의 작업을 지휘해 줄 사람이 절실히 필요했다. 전광근 잠수사를 비롯하여 현장에 있던 민간잠수사들의 머릿속에서 동시에 떠오른 이름이 바로 '공우영 형님'이었다.

사고 다음 날인 4월 17일, 공우영 잠수사가 후배 전광근 잠수사로부터 연락을 받았을 때 그는 이미 목포로 내려가 '언딘' 측 담당자들과 대책 회의를 마친 상태였다. 그리고 작업에 필요한 바지선을 확인하기 위해 언딘 리베로 바지선이 건조되고 있는 고성으로 향하고 있었다.

세월호 사고 직후 언딘 측에서 급히 공우영 잠수사에게 연락을 해왔다. 해경으로부터 당장 사고 현장으로 장비와 인원을 투입하라는 지시를 받았는데, 어떤 장비가 필요하며 작업이 가능한 인원을 확보할 수

있는지 의논하기 위해 만나자는 것이었다. 산업잠수 업계가 상호 인적 네트워크를 공유하고 있다 보니 수중회사인 언딘에서도 급한 상황이 닥치자 공우영 잠수사를 찾은 것이었다.

그런데 공우영 잠수사가 목포에서 언딘 측과 사고 수습에 관해 협의할 때만 해도 세월호 탑승자 인명 구조 및 수습에 대해서는 논의되지 않았다. 회의의 내용은 선체에서 기름이 누출되고 있으므로 우선 누출을 막고 이어서 선체를 인양하는 작업에 관한 것이었다. 공우영 잠수사는 인명 구조나 희생자 수습은 당연히 해경이나 119 등 국가에서 책임지고 하고 있을 것으로 생각하였다. 사고 초기 뉴스에서 전원 구조 소식이 전해졌다가 다시 오보임이 확인되었지만, 여전히 뉴스에서는 구조 인력과 장비가 속속 모여들고 있다고 전했다. 그는 뉴스를 보면서 속으로 '쉽지는 않을 텐데.'라고 생각했지만 언딘 측에서 급히 만나자는 연락이 오는 바람에 그에 대해 깊이 생각할 겨를이 없었던 것이다. 언딘과의 회의를 마치고 그는 몇몇 후배들에게 연락하여 침몰한 세월호에서 기름이 유출되고 있으니 시간이 되면 현장으로 와달라고 통보하였다. 그리고 나서 고성으로 가는 도중에 전화를 받은 것이었다.

그런데 전광근 잠수사가 전하는 말에 의하면 그때까지 생각하고 있던 상황과는 전혀 달랐다. 해경에서 구조는커녕 잠수할 수 있는 기본 장비나 인원조차 없이 우왕좌왕하고 있다는 것이다. 공우영 잠수사는 그제야 사태가 심상치 않게 돌아가고 있다는 사실을 직감했다. 그러자 마음속에서 누군가의 목소리가 들리는 듯했다.

"기름 유출보다 사람을 먼저 구해야 한다."

동생들을 사지로 보내는 심정

후배들을 통해 수시로 현장 소식을 전해 듣고 있던 공우영 잠수사는 현장의 상황이 잠수사들이 작업을 하기엔 기본적인 장비와 시설조차 없는 너무도 열악한 상태라는 것을 알고 있었다. 특히 바지선도 없이 잠수한다는 것은 마치 활주로 없이 비행기를 착륙시키는 것에 비유할 만큼 위험천만한 일이다. 그런데 먼저 현장으로 달려간 후배 잠수사들은 바지선이 아닌 해경 경비정에 의지하여 잠수를 하고 있다는 것이다. 그는 현장으로 들어가기에 앞서 우선 언딘 및 해경 측 관계자를 통해 잠수 작업에 필요한 필수 장비들의 리스트를 정리하여 최대한 빠르게 투입해 줄 것을 요구했다.

해경 관계자의 말에 의하면 사고 직후 해경에서 언딘 측에 지시하여 고성에서 건조 중인 언딘 리베로 바지선을 최대한 빨리 현장에 투입하도록 조치했다고 하였다. 아직 미완성인 상태이긴 했지만 언딘 리베로가 투입되면 그나마 수면 위의 공간을 확보할 수 있고, 챔버 장비도 갖추고 있으니 최소한의 감압 치료도 가능할 것이었다. 공우영 잠수사는 고성에 도착하여 언딘 리베로에 잠수에 필요한 장비와 시설을 확인 점검한 후 세월호 현장으로 향했다.

4월 21일 그가 현장에 도착하니 후배 잠수사들이 임시로 배치된 금호 바지선에서 작업을 하고 있었다. 공우영 잠수사가 도착하자 후배들은 마치 믿음직한 큰형님이 오셨으니 이젠 안심이라는 듯 반가운 표정을 지었다. 그때부터 아무도 임명하지 않았고, 스스로도 자임하지 않았으나 자연스럽게 민간잠수사들의 리더로서 지휘를 맡게 된 것이다. 공우영 잠수사의 등장으로 후배 잠수사들은 물론 현장에 있던 해경 관계자 그리고 희생자 가족들까지도 뭔가 질서가 잡혀가는 듯한 느낌을 받았다고 한다. 현장에서 그의 존재가 어느 정도였는지는 다음의 인터뷰를 보면 쉽게 알 수 있다.

"형님은 다 알죠. 어디에 뭐가 있고. '아마 저쪽이 무너졌을 것이다.'라고 하면 거의 맞아요. 십중팔구 형님의 말이."[3]

"공 이사(공우영 잠수사)가 와서 잘한 게 뭐냐면, 공 이사가 처음으로 챙기는 게 도면이었어요. '배 도면 갖고 와라.' 그래서 이거를 처음에는 정확한 위치를 모르니까 '네가 들어갔던 데가 혹시 여기 아냐?' 이렇게 추측을 해서 이걸 맞춰 나가는 거예요. 퍼즐을 조합해 가는 거죠."[4]

현장에서 함께 작업했던 백인탁 잠수사와 현장을 지켜보던 단원고 3학년 3반 유○○ 학생의 삼촌이 한 언론사와의 인터뷰에서 공우영 잠수사에 대해 밝힌 내용이다.

공우영 잠수사는 본의 아니게 현장 지휘자의 역할을 하면서도 후배들이 수심 48m의 심해로 내려갈 때마다 마치 친동생을 사지로 보내는 것처럼 마음이 편하지 못했다.

"수심이 46~48m 정도였는데, 그 정도면 물에 하루 2번밖에 못 들어가요. 그런데 우리는 4~5번을 들어갔지. 안 들어갈 수가 없었어요. 사람은 없는데, 밖에서 가족들은 기다리고. 나도 자식

3_ JTBC 「스포트라이트」 〈28회 세월호 잠수사의 600일〉 중에서
4_ 같은 영상 중에서

을 키우는데 그냥 보고 있을 수가 있나. 나 말고도 다른 잠수사들 모두 위험한 줄 알면서도 들어갔지. 아파도 아픈 내색도 하지 않고. 지금까지도 내 말을 따라준 후배들이 고마워요."[5]

하지만 작업 현장에서 후배들에 살갑게 '고맙다'는 말을 건넨 기억은 거의 없다. 평소 감정을 잘 드러내지 않는 성격이기도 했으나 생명의 위협이 상존하는 상황에서 자칫 후배 잠수사들이 긴장감을 놓게 될까 우려해서였다.

겉으로는 표현하지 않았지만, 후배 잠수사들이 입수하면 귀를 곤두세우고 통신선을 타고 들려오는 소리로 혹시나 있을지 모르는 위험 요소를 꼼꼼하게 확인하고 점검했다. 숨소리만 들어도 지금 잠수사의 몸 상태가 어떠한지 감을 잡을 수 있었다. 또한, 그는 잠수사의 머리에 부착된 카메라에 찍히는 영상 화면을 보고도 수색 작업 중인 잠수사가 세월호 선체 어디쯤을 지나고 있는지 알 수 있었다. 간혹 잠수사

5_ 가톨릭 신문 지금 여기. [세월호참사 3년 기획: 민간잠수사 공우영 씨 인터뷰] 2017. 4. 19. 정현진 기자

의 숨소리가 거칠어지거나 화면이 심하게 흔들리는 조짐이 보이면 그는 즉시 수면 위로 올라오도록 지시를 내렸다.

희생자의 주검을 발견했을 때는 최대한 온전한 상태로 가족들에게 돌아갈 수 있도록 잠수사들을 독려했다. 후배 잠수사들 또한 공우영 잠수사와 같은 마음이었으므로 희생자들의 신체가 훼손되지 않도록 조심스럽게 안아서 올라왔다.

> "물속에서 잠수사들이 끙끙대는 거예요. 왜 그러냐고 했더니 서로 엉키고 시설물에 끼어있어서 도저히 꺼낼 수가 없다는 거예요. 물건 같으면 그냥 힘을 쓰면 되지만, 사람인데 그러면 상하잖아요. 그래서 부모님한테 데려다줄 테니 집에 가자고 달래보라고 했어요. 그러면 정말 거짓말처럼 나와요. 나도 놀랐어요. 이런 간절함이 정말 힘이 있나 보다."[6]

억울함보다 앞서는 미안한 마음

세월호참사 이후 공우영 잠수사는 법정에 불려 다니는 등 자기가 억울한 일을 당한 당사자이면서도 억울한 감정보다는 언제나 미안한 마음이 앞선다. 목숨을 걸고 수색 작업을 했던 후배 잠수사들이 그 후유증으로 고통을 겪고 있는 것이 자신 때문인 것 같아 죄스럽기만 하다. 특히 자신을 대신하여 국회와 언론을 찾아다니며 검찰의 기소가 부당함을 호소했던 후배 김관홍 잠수사의 안타까운 죽음은 그가 평생 짊어져야 할 몫이 되었다.

6_ 같은 인터뷰 기사

　세월호 잠수사라는 꼬리표 때문에 산업 현장으로 돌아가지 못하는 후배들 또한 그에겐 아픈 손가락들이다. 자신이 책임을 맡고 있는 현장에서라도 후배들이 일할 수 있도록 하고 싶지만, 그것 또한 쉽지 않다.

　　"마음 같아서는 세월호 현장에서 같이 일했던 동생들하고 같이 일하고 싶은데 그게 여건이 그렇지가 않으니까 마음만 무겁죠."[7]

　세월호 희생자 수색을 하는 도중 당시 해수부 장관은 공우영 잠수사에게 의형제를 맺자며 뒷일은 걱정하지 말라고 했다. 해경청장은 작업 중 부상을 입으면 공무원의 산업재해 규정에 준해 치료와 보상을 하겠다며 걱정하지 말고 수습 작업에 임해달라고 당부했다. 그러나 현장에서 쫓겨난 이후 의형제의 인연은 흔적 없이 사라졌고, 산재에 준하는 보상 약속 또한 공수표가 되었다.

_____

　7_ 위와 같은 영상 중에서

"우리가 무슨 큰 걸 바라는 건 아니잖아요. 우리 일도 못 하고…
하물며 일반 현장에서 산업재해를 당하면 다 보상을 해주고 하는
데, 정부에서 해주는 거 보면…."[8]

공우영 잠수사는 일반 산업 현장보다도 못한 정부의 행태를 이와 같
이 다소 점잖게 표현했다. 이제 공우영 잠수사는 소위 '높은 사람'의
약속은 믿지 않는다. 국가기관도 믿지 못한다.

국가는 그를 범죄자로 몰아가려고 했지만, 시민들은 진실의 편에서
공우영 잠수사를 응원해 주었다. 물론 처음부터 시민들의 응원이 있
었던 것은 아니었다. 예상치 못했던 검찰의 기소통지를 받고 나름 재
판을 준비하고 있던 공우영 잠수사에게 변호사 한 분이 연락을 해왔
다. 돌아가신 이광욱 잠수사 가족 측 변호를 담당하고 있던 법무법인
공감의 윤지영 변호사였다. 그때는 잘 몰랐지만, 윤지영 변호사는 다
양한 공익인권 활동을 하는 분이기도 했다.
공우영 잠수사는 윤지영 변호사를 만난 자리에서 사건과 관련한 전
후 상황을 있는 그대로 설명하였다. 이야기를 들은 윤 변호사는 그제
서야 모든 것을 이해할 수 있게 되었다면서 알고 보니 공우영 잠수사
는 가해자가 아니라 피해자라고 말하는 것이었다. 그리고 故 이광욱
잠수사의 가족들과 만남을 주선하였다. 돌아가신 이광욱 잠수사의 가
족분들도 설명을 듣고 상황을 이해하게 되었다.
언론에 소식이 알려지기 시작한 것도 그때부터였다. 그리고 마침 취
재를 하던 모 방송국 PD가 지인이 운영하는 온라인 카페 운영자에게

8_ JTBC 뉴스실험실 「세월호 민간잠수사 공우영, 그는 왜 법정에 서야 했는가」 2016. 11. 2.

사연을 전했고, 그 소식이 일파만파 퍼져나가기 시작했다. 그 온라인 카페는 주로 여성회원들이 모이는 '화장빨'이라는 곳이었는데 공우영 잠수사를 위해 써달라며 600만 원이라는 거금의 후원금을 모아 보내주었다. 너무도 고마운 일이었지만 이 돈을 받아야 할지 말아야 할지 판단하기가 어려웠다. 한동안 고민한 끝에 공우영 잠수사 개인이 아닌 세월호 민간잠수사회 명의로 후원금을 받기로 하였다. 이후 화장빨 카페 회원들뿐 아니라 수많은 시민이 응원을 보내주었다.

공우영 잠수사는 지금도 그 고마움을 잊을 수 없다. 사고의 실질적인 책임이 있는 정부가 자신에게 죄를 몰아가려 할 때는 너무나도 절망스러웠는데, 일면식도 없는 시민들이 진실의 목소리를 내어주니 천군만마를 얻은 것처럼 기운을 되찾을 수 있었다. 3년여 동안 고통스러운 법정공방을 견딜 수 있었던 것도 화장빨 회원들을 비롯한 시민들의 응원 덕분이었다.

다시 그날이 온다면

대법원에서 최종 무죄를 선고받고 공우영 잠수사는 그나마 안정을 찾을 수 있었다. 아직 충분하지는 않지만, 건강도 조금씩 회복되어 가고 있다. 하지만 그럴수록 세월호에 대한 생각은 더욱 선명해진다.

왜 그랬을까? 충분히 시간이 있었는데, 누군가 탈출하라는 말 한마디만 했어도 모두 살아서 가족들을 만날 수 있었을 텐데. 왜 아무도 그 말을 하지 않았을까? 왜 '가만히 있으라'는 말만 되풀이했을까?

배가 지속적으로 기울면 침몰한다는 상식을 선원들이라면 누구나 알았을 것이다. 해경들도 그 사실을 몰랐을 리 없다. 인근에 있던 어선들도 기울어가는 세월호를 발견하고 한달음에 달려오지 않았던가? 헬기를 타고 출동했던 구조요원들은 왜 선내로 진입할 시도조차 하지 않았을까?

단 한 사람만이라도 '탈출하라!' 그 한마디만 했으면 되었을 것을….

무죄가 확정된 후 인터뷰를 청한 기자가 공우영 잠수사에게 다시 그런 날 온다면 그곳에 가겠냐고 물었다.

"정부를 위해서 가는 거보다 피해자와 가족들을 위해서 가겠죠. 정부는 못 믿으니까, 그런데 가족들은 같은 우리 국민이니까 그 사람들은 도와줘야죠."[9]

세월호 이전이나 이후나 그는 늘 같은 사람이었다. 그리고 지금까지 그랬던 것처럼 앞으로도 같은 삶을 살아갈 것이다.

9_ 위와 같은 영상 중에서

세월호 민간잠수사 25인

✎ 세월호 민간잠수사 25인 중 『나는 세월호 잠수사다』 집필에 참여한 잠수사 12인

황병주(59년생)
: 잠수 경력 30년

하규성(69년생)
: 잠수 경력 30년

강유성(69년생)
: 잠수 경력 30년

이상진(65년생)
: 잠수 경력 30년

백인탁(75년생)
: 잠수 경력 20년

전광근(75년생)
: 잠수 경력 20년

김상우(72년생)
: 잠수 경력 27년

조준(60년생)
: 잠수 경력 30년

김수열(74년생)
: 잠수경력 20년 이상

한재명(74년생)
: 잠수 경력 20년

배상웅(78년생)
: 잠수 경력 15년

공우영(55년생)
: 잠수 경력 40년

✎ 세월호 민간잠수사 25인 중 집필에는 참여하지 못하였지만 언제나 함께 하는
잠수사 13인

**故 김관홍 / 故 양유홍 / 강정한 / 김순종 / 김원석 / 박상선
/ 박성남 / 박영욱 / 반석동 / 양일홍 / 이만호 / 조요한 /
최인호**

지난 2019~2021년에 걸쳐 12명의 민간잠수사분들을 만나 인터뷰를 통해 진솔한 이야기를 들었다. 모두 자발적으로 현장으로 달려와 삶과 죽음의 경계를 넘나들었던 분들이었다.

인터뷰 과정에서 민간잠수사분들로부터 동일한 말을 들을 수 있었다.

"우리의 고통이 크다 한들, 유가족들이 겪는 고통에 비하겠어요?"

대부분 크고 작은 부상과 잠수병으로 신체적 고통은 물론 트라우마로 인한 정신적 고통을 겪고 있으면서도 하나같이 자신보다 가족을 잃은 유가족들의 아픔을 걱정하였다.

그리고 '만일 또다시 세월호와 같은 사건이 벌어진다면, 이번에도 현장으로 가겠냐'는 질문에 대해서도 마치 서로 약속이나 한 것처럼 같은 대답이 돌아왔다.

"다시 가고 싶지는 않지만 결국 현장에 가 있겠죠."

민간잠수사 열두 분의 진정 어린 이야기를 한 치의 왜곡이나 과장 없이 글로 엮으려고 나름 최선의 노력을 했다. 그러나 글을 마치고 나니 그분들의 진심을 백 분의 일도 제대로 담아내지 못한 것만 같아 아쉽고 송구스러운 마음이 앞선다. 부디 부족한 부분이 있었더라도 넓은 아량으로 헤아려주시기 바란다.

민간잠수사분들의 이야기가 책으로 출판될 수 있었던 데는 안산온마음센터 관계자분들의 물심양면의 노고가 있었다. 또한, 현장의 모습을 담은 소중한 자료와 사진을 조건 없이 제공해 주신 영화 『로그북』 복진오 감독의 도움이 컸다.

이 책은 2019년 1차 출간되었으나 세월호 민간잠수사분들의 역할과 활동을 좀 더 널리 알리기 위한 취지로 재출간이 결정되었다. 이를 위해 안산온마음센터에서 보유하고 있던 저작권과 판권 등 모든 권리를 민간잠수사분들의 모임인 '416민간잠수사회'로 흔쾌히 기증해 주었고, 제작에 필요한 비용 지원도 결정해 주었다. 이에 대해 25분의 잠수사분들을 대신하여 감사의 말씀을 전한다.

이외에도 많은 분의 도움과 지원이 있었으나 일일이 감사의 말씀을 드리지 못한 점에 대해 지면을 통해 깊은 사과와 감사의 말씀을 전한다.

엮은이 **안덕훈**